MEGGAN WATTERSON

EL ORÁCULO DE MARÍA MAGDALENA

Libro de trabajo

EDITORIAL SIRIO

2ª edición: noviembre 2025

Título original: THE MARY MAGDALENE ORACLE
Diseño de interior: Bryn Starr Best
Traducido del inglés por Teresa Gómez Herrera

Publicado originalmente en 2023 por Hay House Inc. USA

C/ Rosa de los Vientos, 64
Pol. Ind. El Viso
29006-Málaga
España

www.editorialsirio.com
sirio@editorialsirio.com

Impreso en China

Puedes seguirnos en Facebook, X, YouTube e Instagram.

TAMBIÉN DE

MEGGAN WATTERSON

Con una claridad abrumadora, Watterson nos explica cómo y por qué María Magdalena llegó a ser considerada una prostituta penitente, y describe de una forma histórica y teológicamente más exacta quién fue María en el seno del antiguo movimiento cristiano. La autora comparte con los lectores de qué forma su descubrimiento del Evangelio de María le ha permitido experimentar y practicar un amor que nunca se acaba, un amor que todo lo transforma.

ÍNDICE

DEDICATORIA

Este oráculo está dedicado a...
THE HOUSE OF MARY MAGDALENE
Por ser la querida comunidad en la que siempre he creído
(*Cor ad cor loquitur*)
JAKE WESLEY ROGERS,
TRACI JACKSON Y JANET RAFTIS
Por nuestro linaje de amor y por representar el hogar unos para otros
(*Hearts on fire*)
GD
Por recordarme cómo ver con el ojo del corazón
(*Ma vie s'écrit avec vous*)

INTRODUCCIÓN

Mi intención con *El oráculo de María Magdalena* es destilar las enseñanzas secretas del Evangelio de María en una práctica espiritual personal. Me gustaría que pudiéramos aplicar en nuestra vida diaria la sabiduría ancestral que María comparte en su evangelio.

He recibido innumerables mensajes de cariño, que me conmueven con la verdad contenida en ellos, de personas de todo el mundo que me cuentan cómo han sanado y han ratificado su forma de sentir al leer el Evangelio de María. Desde una joven que superó el trauma de la terapia de conversión* hasta un monje benedictino que ha vivido en un monasterio durante décadas, un elevado número de buscadores muy diversos experimentan una profunda

* N. de la T.: A lo largo del siglo XX surgieron, en el ámbito de la psicología, métodos de corte homófobo que fueron conocidos como «terapias de conversión». Estas aparecieron a consecuencia de la clasificación de la homosexualidad como una categoría clínica y pretendían «curar» las inclinaciones supuestamente patológicas.

transformación al encontrarse con la voz directa de María, con sus propias palabras, en su propio evangelio.

El oráculo de María Magdalena aborda un profundo anhelo que muchos sentimos no solo de conocer la historia y las enseñanzas secretas de María de forma más íntima, sino también de poner en práctica diariamente el amor radical que revela su evangelio. Este oráculo nos guía carta a carta por las enseñanzas espirituales del Evangelio de María, además de mostrarnos momentos cruciales en su vida.

Cada una de las 44 cartas revela un aspecto clave de la transformación espiritual que el cristianismo primitivo tenía tanto afán en inspirar en nuestro interior, para llevarnos desde la separación o la idea de un yo separado de todo lo demás (representada por las siete potestades del ego) hasta la libertad última de recordar el alma.

El Evangelio de María

El cristianismo comenzó a establecerse como una institución en el siglo IV bajo el mandato del emperador Constantino. Anteriormente, existía un movimiento inspirado por Jesucristo que enfatizaba la importancia de amarse unos a otros como hermanos y hermanas, en una comunidad basada en el amor, sin importar el estatus de las personas según la estructura de poder en el Imperio romano.

Este movimiento de Jesucristo cuestionaba la idea arraigada en la cultura del siglo I de que un ser humano podía ser superior o inferior a otro, hasta llegar al nivel del propio emperador.

Dentro de la estructura de poder del Imperio romano, las mujeres y los esclavos eran los que poseían el menor grado de poder personal y político. Como un desafío directo al *statu quo,* el movimiento de Jesucristo tuvo líderes femeninas, tales como María Magdalena y Tecla, ambas con poderosas escrituras que contienen sus historias transformadoras.

Cuando el emperador Constantino formó el primer concilio a fin de crear un canon formal (o biblia) para la versión del cristianismo que quería institucionalizar –llamado el Concilio de Nicea– en el año 325 d. C., las escrituras que ofrecían pruebas de la presencia de mujeres líderes en el movimiento de Jesucristo no solo se excluyeron de la Biblia, sino que también se ordenó su destrucción.

Afortunadamente, había monjes rebeldes que se negaron a obedecer. Se han encontrado tres copias del Evangelio de María, tanto en griego como en copto, enterradas en Egipto a las orillas del Nilo.

El Evangelio de María revelaba una visión muy distinta no solo de quién era María Magdalena para Jesús y de su autoridad espiritual dentro de la forma más temprana de cristianismo, sino también de lo que significa ser humano.

El Evangelio de María hace referencia al «hijo de la verdadera humanidad» o el «verdadero ser humano» (*anthropos* en griego). El término *anthropos* traducido literalmente significa 'completamente humano y completamente divino'. Por tanto, el verdadero humano es el que es capaz de ser consciente de ambos aspectos a la vez. El verdadero humano es un ego limitado y complicado y, al mismo tiempo, un alma inmortal.

El Evangelio de María relata que Jesucristo experimentó una transformación espiritual interna que le permitió convertirse en un ser unificado, un alma completamente despierta y consciente dentro de un cuerpo humano. Esta transformación espiritual no solo está al alcance de Jesús, sino también de aquellos que estén dispuestos a realizar el difícil trabajo de percibir el alma, de reconocer qué es real y duradero, y qué es ego.

Según cuenta María en su evangelio, Jesús le habla sobre las siete potestades del ego para que pueda reconocerlas y tener una relación correcta con ellas en su vida, para que pueda tomar conciencia del «verdadero ser humano» que ella es también. El «tesoro» que Jesús revela a María, como descubrirás en el oráculo, tiene que ver con un tipo de visión que podemos adquirir. Una forma de ver con el ojo del corazón para poder discernir qué es ego y qué es alma, y posteriormente actuar de acuerdo con esa visión.

El redescubrimiento del Evangelio de María y esta forma más antigua de cristianismo, el movimiento de Cristo, habla de la disposición existente, o al menos de una claridad, sobre cuánto necesitamos estar en el mundo con mucha más alma. El Evangelio de María nos ofrece una visión de cómo relacionarnos unos con otros con amor, es decir, con un poder compartido, un poder que emana de dentro de cada uno de nosotros por igual.

María Magdalena

María Magdalena es una figura religiosa histórica y también una leyenda de la imaginación popular. Y, hasta el descubrimiento de su evangelio a finales del siglo XIX, teníamos que confiar en lo poco de su historia que permaneció en la Biblia y en lo que nuestros propios corazones nos susurraran sobre quién pudo haber sido realmente.

Desde el siglo IV en adelante, los primeros Padres de la Iglesia se referían a María Magdalena como una prostituta arrepentida. Esta historia de que María fue prostituta y no la pareja espiritual de Jesús justificaba tanto la exclusión de las mujeres de los puestos de autoridad dentro de la Iglesia como la relegación de la sexualidad humana de lo sagrado a lo profano y de lo monástico a lo secular.

En 1969, la Iglesia pidió disculpas formalmente por esta historia inventada sobre María. Y, más recientemente, María fue rebautizada como «apóstol de los apóstoles» para reconocer que fue la primera en presenciar la resurrección.

Pedro dice a María en su evangelio: «Hermana, sabemos que el Salvador te amó más que a ninguna otra mujer. Dinos las palabras del Salvador que recuerdes, las cosas que sabes y que nosotros no hemos escuchado». Este pasaje confirma que la relación de Jesús con María era única y que ella recibió enseñanzas que los demás discípulos no obtuvieron.

Al incluir las escrituras excluidas cuando se fundó la Iglesia, María pasa de ser una prostituta arrepentida a la presencia más significativa en la vida de Jesucristo, la mujer a la que Jesús más amó y una guía espiritual a la que confiaba poderosas enseñanzas para que luego ella las compartiera con todos los demás.

Las siete potestades

El trabajo de unificar el alma con el yo egoico se enraíza mediante una práctica espiritual de los primeros cristianos llamada *kenosis,* o amor abnegado. Cada vez que somos conscientes y nos damos cuenta de que estamos atrapados en una de las siete potestades del ego, dejamos que nos inunde el amor para poder abandonar el ego.

Las siete potestades del ego que Jesús articula en el Evangelio de María se convertirían posteriormente, en el siglo VI de la historia cristiana, en los «siete demonios» que Cristo expulsó de María. Sin embargo, según el Evangelio de María, son simplemente «potestades», no «demonios». Son las potestades que todos llevamos dentro y de las que se supone que no tenemos que avergonzarnos. No estamos predestinados a trascenderlas, negarlas y evitarlas espiritualmente. Estamos hechos para experimentar la plenitud de nuestra humanidad.

La práctica que tenemos el honor de realizar mientras estamos vivos es llenar estas potestades de amor conscientemente. Podemos practicar para hacernos conscientes de cuándo estamos enganchados en alguna de ellas. De lo contrario, podemos quedar atrapados en una potestad –por ejemplo, la ira, la séptima– durante días, semanas o, a veces, incluso años.

En arameo, una de las lenguas que hablaba Jesús, la palabra *muerte* significa literalmente 'existir en otra parte'. Fundamentalmente, la práctica del amor abnegado, el camino kenótico de la forma más antigua del cristianismo, se basa en estar presente. Tiene que ver con estar realmente presentes donde estamos y con quienes estamos, en todo momento. De lo contrario, podemos pasar la mayor parte de nuestra vida «existiendo en otra parte», lo que nos lleva a perdernos las posibilidades y las oportunidades que solo existen cuando estamos totalmente presentes en presencia del amor que llevamos dentro.

He definido las siete potestades del ego que nos revela el Evangelio de María para este oráculo como sigue. En primer lugar, la potestad de la oscuridad. La segunda es el deseo, es decir, el anhelo de que las cosas o las personas sean diferentes de como son. La tercera es la ignorancia, que nos deja desconectados e inconscientes.

La cuarta es el exceso, y se aplica a una cantidad extrema de cualquier actividad o sustancia que nos lleva al desequilibrio o incluso nos puede poner en peligro. La quinta potestad, el olvido, está muy generalizada; se refiere a confundir nuestro querido cuerpo con el verdadero ser y olvidar la presencia del alma que en él habita.

La sexta potestad es simplemente el cuerpo, y aparece cuando ignoramos su sabiduría. Se da cuando caemos en hábitos que pueden reconfortarnos pero que nos mantienen inertes o absortos en las rutinas habituales en lugar de escuchar profundamente lo que el cuerpo puede necesitar en cada momento.

La séptima potestad del ego que recoge el Evangelio de María es la ira. Y no se trata de la ira sagrada que nos lleva a unirnos a otros para luchar contra las injusticias o que nos permite crear límites para nosotros mismos y nuestras preciosas y breves vidas. Esta forma de ira de la séptima potestad es una rabia que llega al punto de la destrucción: el tipo de ira que hace daño a los demás y a nosotros mismos.

Cuando saques alguna de las cartas de estas siete potestades, intenta recordar que es una excelente señal. Significa que estás preparado* para realizar un trabajo transformador. Estás listo para liberarte aún más, para poder hacer tu siguiente elección en la vida o en una relación, no desde el ego, sino desde el alma de amor que también eres y siempre has sido.

---

* N. de la T.: Por razones prácticas, se ha utilizado el masculino genérico en la traducción del libro. Dada la cantidad de información que contiene, la prioridad al traducir ha sido que la lectora y el lector la reciban de la manera mas clara y directa posible.

Feminismo interseccional

A medida que fui estudiando el Evangelio de María a lo largo de los años y fui practicando la *kenosis*, el amor abnegado, empecé a ver y entender a estos primeros cristianos del movimiento de Jesucristo como participantes de lo que en el lenguaje actual se denomina feminismo interseccional.

Kimberlé Crenshaw acuñó el término *interseccionalidad* para arrojar luz sobre las intersecciones en las formas en las que las personas experimentan la opresión. En función de la raza, la religión, la orientación sexual, la identidad de género, la estabilidad financiera, la edad, la movilidad física, la educación y el historial de trauma, cada individuo experimenta diferentes grados de opresión a lo largo de su vida.

Para expresar un amor radical en este mundo, para ser nosotros mismos esa presencia de amor, debemos dar la cara y defender a todas las personas que no poseen los mismos derechos o que sufren discriminación y violencia de maneras que nosotros no las sufrimos. Como explica un querido profesor (profeta) que tuve, el doctor

Cornel West: «La justicia es la forma que toma el amor en público».

El objetivo último de esta transformación espiritual que alumbra el Evangelio de María es ser capaces de estar presentes para los demás, de mantenernos unidos como una comunidad de amor.

Meditación de la voz del alma

Cada carta tiene una meditación de la voz del alma para que puedas hacer el trabajo de mirar dentro hacia el corazón y escuchar al alma.

La práctica es a la vez simple y profundamente difícil. Es simple en el sentido de que lo único que hay que hacer es respirar tres veces. La primera respiración te permite regresar por completo al cuerpo y establecer la intención de descender al corazón.

La segunda respiración te permite conectar con lo que es verdad o definitivo para ti. Yo me refiero a esto como el alma, pero no importa cómo llames al amor que reside dentro de ti, dentro de cada uno de nosotros. Lo único que importa es que vayas mejorando a la hora de reconocer esta presencia de verdad en tu interior.

Cuando experimentes esa sensación de calma, de fundirte con una voz muy profunda bajo el ruido superficial y la distracción del ego, hazte la pregunta sugerida en la carta que has elegido.

La parte profundamente difícil es confiar en lo que escuches. Hace falta mucho amor para creer en nosotros mismos. Hace falta mucho amor para darse cuenta de que las respuestas están en nuestro interior. Hace falta mucho amor para, a continuación, poner en práctica lo que escuchas.

La tercera respiración es para sumergirte en gratitud, por hacer este trabajo y por todo el amor que tenemos dentro si nos tomamos el tiempo de estar lo suficientemente presentes para que nos guíe.

Y, con esta tercera respiración, volvemos a la superficie detrás de nuestros ojos, ahora viendo con el ojo espiritual del corazón. O, al menos, viendo con más amor del que podíamos percibir antes de anclarnos nuevamente dentro de nosotros a aquello que es más sabio que el ego y que está más conectado con el alma de lo que realmente somos.

Confianza radical

Nadie puede enseñarte cómo escuchar la voz del amor que hay dentro de ti. Solo tú puedes oírla; solo tú puedes reconocerla. Pero puedo decirte desde la experiencia de dos décadas de escuchar dentro de mí esa voz del alma que el elemento más crucial para oírla es creer en ti.

Cree en esa voz, en ti, tanto que pases a la acción. Practica ser devoto de esa unión, de simplemente escuchar tu corazón y actuar desde él. Confiar en el impulso de sacar el oráculo de la estantería, confiar en la pregunta que el corazón te dice que es la más urgente que tienes que hacer, confiar en cuántas cartas debes girar y lo que significan para ti incluso antes de leer lo que la guía diga sobre ellas.

Cada carta que elijas debe llevarte más cerca de la totalidad de lo que eres. Cada carta debe recordarte la verdad de que dentro de ti hay un ego apasionado, complicado e impredecible, y a la vez un alma poderosa, eterna e inviolable. Cada carta debe permitirte hacer el trabajo que hemos venido a hacer: llevar el amor a donde nunca ha existido.

La visión de este oráculo

El Evangelio de María ratifica una visión que siempre me ha acompañado. Una visión sobre Jesús y María como una historia de amor tan formidable que aún estamos tratando de encontrar la forma de vivirla.

Es una visión del amor como el Bien, que es como se refiere el Evangelio de María a Dios. Y el amor de este Bien es para todos y está en todos nosotros absolutamente, sin excepción. Es una visión de toda la humanidad y toda la creación existiendo en los otros y con ellos, conectados de forma radical e inherente.

Este oráculo trata sobre una visión que creo que los integrantes del movimiento original de Cristo intentaron practicar juntos: la visión de una comunidad de amor. Este oráculo tiene que ver con los primeros cien años tras la muerte de Jesús, antes de que el cristianismo existiera como una religión formal.

El movimiento de Cristo quería desafiar la idea de que cualquiera de nosotros pudiera ser más o menos que otro. Querían practicar el ser completamente humanos todos juntos; ver más allá de cómo el ego nos juzga y nos divide para, en su lugar, ver con el ojo del corazón, para hacer el simple y profundo trabajo de amarse unos a otros.

Y esto es lo que creo que sigue siendo posible ahora, la comunidad de amor.

Históricamente, se cuenta que María Magdalena nació en Magdala, en Israel, un pequeño pueblo a orillas del mar de Galilea. Este oráculo representa las diversas regiones del Imperio romano en el siglo I, desde lo que hoy es Israel, Siria y Turquía en Oriente Medio hasta Egipto, Libia y Túnez en el norte de África. Y también representa la estadística del siglo XXI de Pew Research de que el setenta por ciento de la población mundial de cristianos son personas de color.

Esto, más que cualquier otra cosa, es lo que creo que ese valiente grupo de hermanos y hermanas del movimiento de Jesucristo se atrevieron a poner en práctica: que el amor es el único poder verdadero. Y esto, más que nada, es el mensaje que ahora nos revela el Evangelio de María: que el poder verdadero surge del interior.

EL ORÁCULO DE MARÍA MAGDALENA

LA PRIMERA POTESTAD ⚓ LA OSCURIDAD

LA OSCURIDAD HACE POSIBLE LA VISIÓN

La oscuridad es una potestad del ego que puede convencernos de que estamos solos, separados y desconectados. A veces, la oscuridad aparece para que podamos practicar una forma de visión que solamente se da cuando nos abandonan todas las fuentes de luz externas.

En el Evangelio de María, cuando María revela las enseñanzas secretas que Cristo le transmite, Pedro no la cree. Él dice: «¿Ha hablado el Salvador en secreto, en vez de hacerlo abiertamente para que todos pudiéramos escuchar? Sin duda, no quería indicar que ella es más digna que nosotros» (María 10, 3-4).

Entonces María llora y responde: «Hermano Pedro, ¿qué es lo que estás imaginando? ¿Acaso crees que yo he concebido estas ideas en mi corazón, o que estoy diciendo mentiras sobre el Salvador?» (María 10, 5-6).

La oscuridad es dura. Es el dolor de la traición. Es el temor de estar verdaderamente solos. Es la pesadez que sobreviene cuando creemos sinceramente que ya no estamos conectados a los que más queremos.

La oscuridad es una potestad muy difícil a la que estar ligado. No obstante, dentro de la oscuridad hay disponible una forma de visión, la forma más poderosa posible, que proviene de la luz que se origina dentro de nosotros.

Cuando aquellos a los que más amamos se van, cuando sentimos que la esperanza nos abandona, la consiguiente oscuridad nos ofrece la posibilidad de practicar para ver la luz que nace de dentro.

¿Cómo aprendemos a ver en la oscuridad?

Utilizamos la oscuridad, esa sensación de estar privados de todas las fuentes de amor externas en nuestra vida, para recurrir al tremendo amor que hay justo en nuestro interior. Siempre.

Entonces, vemos nuestra propia fuente de amor. Y volvemos a sentir el poder más profundo que existe en este mundo: el poder del amor que es innato en nosotros. El amor que emana de dentro del corazón como si fuera de otro mundo y con la potencia de todos los seres que han vivido antes que nosotros.

El amor que nos recuerda que somos dignos por el mero hecho de existir, solo por ser humanos. La presencia del amor que nos conoce de corazón. La presencia del amor que algunos de nosotros solo encontramos, o volvemos a encontrar, cuando nos abandonan todas las demás fuentes de amor.

Meditación de la voz del alma:
¿Qué visión hace posible esta oscuridad actual?

LA SEGUNDA POTESTAD EL DESEO

CONFÍO EN LO QUE DESEA MI ALMA

Según cuenta la leyenda, María cruzó el mar Mediterráneo hasta el sur de Francia en un barco sin velas tras la crucifixión de Jesucristo para escapar de la persecución de los romanos. En el barco iban con ella otras dos mujeres llamadas María y una niña pequeña llamada Sara. Algunas leyendas sugieren que Sara era la hija de Jesús y María.

Siempre he imaginado que María se sintió angustiada al tener que abandonar el antiguo Israel, la tierra donde conoció, amó y perdió a Jesús.

Lo que el ego quiere es real y poderoso, y también forma parte de lo que significa ser humano. Estamos hechos para sentir el exquisito sufrimiento de no obtener siempre lo que el ego anhela. Nos aferramos a los deseos del ego, la mayoría del tiempo sin darnos siquiera cuenta de que es él el que nos lleva a ansiar de manera tan desesperada.

Cristo explica la creación del ego perfectamente en el Evangelio de María: «La materia dio a luz una pasión que no tiene imagen porque deriva de algo contra natura. Entonces todo el cuerpo experimentó una confusión inquietante» (María 3, 10-11). La materia, es decir, nuestro apreciado cuerpo, da a luz una pasión, el ego, que no tiene una imagen eterna como la del alma. Esta pasión, este ego, va en contra de la naturaleza porque pretende controlar la fluencia de energía. El ego no quiere morir, al ego le aterroriza el cambio, el ego quiere que la vida se desarrolle de acuerdo con un marco temporal cronológico.

Y esto es necesario porque, si no tuviéramos esta pasión, este ego, no seríamos capaces de funcionar estando encarnados como humanos. El alma necesita el ego.

Nuestro trabajo aquí es discernir cuándo es el ego el que domina, cuándo es el ego el que se aferra a un resultado. Y, entonces, con toda la misericordia posible, contribuir a liberar el yugo del ego para que el alma pueda recuperar su lugar al timón de nuestra vida.

Queremos que el alma nos guíe. Y eso a menudo es aterrador porque el alma nos lleva constantemente a lo que es nuevo, a lo siguiente, a lo que nunca se ha hecho antes.

El alma quiere que estemos completamente presentes porque la transformación solo se produce en el presente.

Meditación de la voz del alma:
¿A qué me he estado aferrando o qué he estado tratando de controlar?

LA TERCERA POTESTAD ☩ LA IGNORANCIA

LA HUMILDAD ES MI MAYOR FORTALEZA

La ignorancia es nuestro principal ángulo ciego. Es el pensamiento estrecho de miras de que existimos de alguna manera como el personaje principal de una película dirigida por el ego. La ignorancia es una profunda falta de visión. Es la incapacidad de vernos realmente a nosotros mismos y el efecto de nuestras acciones.

Hay un poderoso diálogo entre el deseo y el alma en el Evangelio de María. El deseo en esta conversación es lo que ansía el ego. No es el deseo del alma, sino las necesidades inconscientes del ego.

Por tanto, este deseo egoico le dice al alma en María 9, 2: «Yo no te he visto descender, pero ahora te veo ascender. Entonces, ¿por qué mientes si me perteneces?».

Y el alma responde: «Te vi. Tú no me viste ni me conociste. Tú confundiste las vestiduras que yo llevaba con mi verdadero ser. Y no me reconociste».

El ego cree que es el verdadero ser. Pero, en realidad, el ego es solo «las vestiduras», o las capas de identidad que adquiere. Lo que es verdadero es el alma que subyace a todos esos deseos egoicos. Lo que es verdadero es aquello que permanece constante, aunque nuestros deseos egoicos cambien de una necesidad a la siguiente.

La manera de eliminar la ignorancia es ver a través de los deseos siempre cambiantes del ego. Es ver que los deseos del ego son como nubes en el cielo, y el alma es el cielo en sí.

Podemos tratar de ver la ignorancia como lo que es. No es duradera. No es permanente. Tiene el potencial de ser efímera si tenemos la humildad de preguntarnos qué hay debajo del deseo egoico.

La humildad es nuestra mayor fortaleza. Si podemos dejar caer las vestiduras del ego, podremos vernos a nosotros mismos más completamente y reconocer lo que es perdurable.

Y, si tenemos la capacidad de ser suficientemente humildes para comprender que la ignorancia es propia de la naturaleza humana, podremos experimentar que el perdón también es divino.

Meditación de la voz del alma:
¿Qué estoy preparado(a) para ver que es más profundo que este deseo egoico?

LA CUARTA POTESTAD
EL EXCESO

SOY AMADA

El místico William Blake creía que «el camino del exceso lleva al palacio de la sabiduría». ¿Por qué? Porque cuando nos permitimos perder el equilibrio debido a una cantidad excesiva de algo –trabajo, comida, sexo o alcohol en demasía–, también tenemos la oportunidad de encontrar ese aspecto de nosotros mismos que nos dice que debemos abandonar los extremos para poder descansar de nuevo en la estabilidad de lo que nos permite prosperar.

La cuarta potestad del Evangelio de María se describe como «la excitación de la muerte». Y, después de institucionalizarse el cristianismo en el siglo IV, la cuarta potestad pasó a denominarse «gula». El exceso se considera un deseo de muerte; sin embargo, con frecuencia es profundamente inconsciente. Es una compulsión, algo que nos sentimos obligados a hacer y que no sabemos cómo parar o cambiar.

En el Evangelio de María, la potestad del exceso no es un «pecado» ni un «demonio», es simplemente una potestad. Es una potestad del ego, como las otras seis, que nos puede desviar de lo que el alma ha venido a hacer aquí.

A menudo nos tratamos a nosotros mismos de maneras que nunca nos atreveríamos a tratar a otros. Nuestro temor a no tener un propósito, a no realizar algún tipo de contribución con nuestra efímera vida, suele llevarnos a sabotear cualquier posibilidad de hacerla.

Cuando recordamos que somos tan amados como el amigo a quien queremos que todo le vaya bien, como la pareja a la que adoramos, como el niño que nos hace felices con solo respirar, como aquellos que nos rodean a los que queremos tan ferozmente, se hace cada vez menos posible ser excesivos con el cuerpo, ya que recordamos que el cuerpo es lo que permite al alma estar aquí.

Cuando recordamos que somos amados, queremos pasar el poco tiempo que podamos tener aquí simplemente compartiendo el amor que somos.

Ya no necesitamos danzar alrededor del fuego del amor en nuestro interior, sino que nos convertimos en él. Y podemos tolerar esa cantidad de luz, esa cantidad de amor, porque sabemos que no es diferente de nosotros.

Meditación de la voz del alma:
¿Cómo me siento al repetir dentro del corazón: «Soy amado(a)»?

LA QUINTA POTESTAD
EL OLVIDO

SOY UN CUERPO Y UN ALMA

Esto es lo que significa ser humano: olvidamos que no somos solo el cuerpo; no somos solo los temores y los deseos que conjura el ego. Somos, asimismo y completamente, un alma.

Somos ambas cosas, pero se nos olvida. Y esto no es un castigo, no se debe a algún defecto o debilidad en lo que significa ser humano. El hecho de que se nos olvide una y otra vez la otra mitad de lo que somos es siempre y en cualquier circunstancia una oportunidad.

En cada ocasión que recordamos (etimológicamente, 'volvemos a llevar al corazón') la mitad eterna de quiénes somos y el aspecto humano de nuestra naturaleza, practicamos lo que significa ser un verdadero ser humano.

Un verdadero ser humano, según el Evangelio de María, es aquel que intenta, de forma imperfecta pero constante, ser a la vez su yo humano y su alma.

En mi opinión, esto es lo que María describe en su evangelio cuando dice: «A un mundo he sido liberada desde un mundo, y a una imagen desde una imagen celestial, y desde la cadena del olvido que existe en el tiempo» (María 9, 28).

En el curso de estar completamente inmersos en la quinta potestad, en olvidar, insertamos algunos fragmentos de esa otra mitad de lo que somos, algunos retazos de luz, en las profundidades.

Podría ser un recuerdo de cómo nos sentimos al enamorarnos a primera vista. Podría ser el recuerdo de un beso que nos dejó sin aliento. *En el mundo del alma, me libero del mundo del ego.*

Así es como se rompe la cadena del olvido: recordando.

Recordamos la alegría de ser humanos. Recordamos la luz que atraviesa nuestros momentos más trágicos si tenemos la fuerza de permitirlo. Recordamos que no solo somos este sufrimiento que el ego soporta, también somos un amor que es más fuerte que la muerte. También somos un alma de amor que siempre quiere amar a través de nosotros.

Meditación de la voz del alma:
¿Qué me ayuda a recordar que también soy un alma?

LA SEXTA POTESTAD ♆ EL CUERPO

EL CUERPO NUNCA MIENTE

El cuerpo, si sabemos cómo escuchar, tiene una sabiduría ancestral que va mucho más allá de nuestra propia vida individual, como si las lecciones de vida de nuestros ancestros estuvieran codificadas en la sangre. Un misterio entretejido en las moléculas de luz que somos cada uno de nosotros, una esperanza en constante evolución de que podemos seguir adelante con la historia de lo que significa ser humanos.

El cuerpo nunca miente. Lo que nos susurra puede ser demasiado sutil para muchos. Su sabiduría puede perderse para aquellos que solo desean controlar el cuerpo, superponiendo lo que el ego quiere, esas inagotables peticiones inconscientes que a menudo son más fuertes que el alma.

Solemos convencernos de que es más seguro seguir haciendo lo mismo de siempre. Lo que está en movimiento quiere seguir en movimiento, ya sea beber mucho, trabajar demasiado o estar constantemente sentado en el sofá viendo la televisión.

Esta es la potestad que, siglos después, se llamaría pereza. Yo creo que es el temor de tener una relación viva, palpitante y momento a momento con el cuerpo. Cuando caemos en las garras de la sexta potestad, el temor a nuestra propia humanidad, nuestra propia vulnerabilidad y nuestra propia mortalidad es tan ensordecedor que no podemos escuchar cómo el alma está constantemente hablándonos desde dentro del cuerpo.

Cuando podemos reconocer y aceptar profundamente que también somos este cuerpo, experimentamos la dicha de la otra mitad de lo que es ser humano: el alma. Podemos tener una relación viva, palpitante y momento a momento con el cuerpo basada en el amor, no en el miedo. Podemos respetarlo y confiar en él.

En lugar de superponer lo que creemos que el cuerpo necesita cada día, cada momento, podemos preguntarle. Podemos ir hacia dentro, escuchar y conocer la profundidad de la sabiduría que posee.

Recuerda, el cuerpo sabe cómo crear otro cuerpo desde dentro. Teje silenciosamente otro corazón dentro de la oscuridad del útero, en el silencio del latido constante de la persona que lo está creando.

El cuerpo nunca miente si sabemos cómo escuchar.

Meditación de la voz del alma:
Querido cuerpo, ¿qué es necesario en este momento?

LA SÉPTIMA POTESTAD ⸸ LA IRA

LA CÓLERA ES INFORMACIÓN

Siempre me ha parecido significativo que la ira sea la séptima potestad. La ira puede ser la fuerza más desestabilizadora de nuestras vidas. Pero antes es crucial distinguir entre la ira que genera destrucción y la que aporta claridad.

La opresiva necesidad de parecer «buenos», de no expresar lo que realmente sentimos, nos fuerza a muchos a permanecer atrapados en el proceso de sanar los traumas. Existe la falsa idea de que, para ser espiritual, tienes que estar en un estado permanente de felicidad o paz y no caer nunca en un ataque de ira.

Enfadarse es humano. Y ser humano es sagrado. La cólera es información. La furia nos informa, nos conecta con nuestra humanidad y nos recuerda lo que más nos importa en la vida.

Cuando hemos sufrido un trauma hay una ira sagrada que debe expresarse para reclamar nuestra voz. Esa forma de ira es esclarecedora. Nos ayuda a empezar a establecer límites como un acto de amor hacia nosotros mismos.

La diferencia entre la ira esclarecedora y la que destruye es que una simplemente se experimenta de forma directa, mientras que la otra te lleva a reaccionar.

La ira me informa, pero dejo que el amor me guíe cuando estoy lista para pasar a la acción.

Al final del Evangelio de María, después de que María haya compartido las enseñanzas recibidas de Jesucristo desde el fondo de su corazón, Pedro no la cree. No cree a María porque es una mujer y en el Imperio romano del siglo I se consideraba que las mujeres tenían menos derechos y poder.

La ira de Pedro nubla su capacidad para escuchar la verdad de lo que María puede enseñarles.

Mateo, otro de los discípulos, se enfrenta a Pedro y le dice: «Tú estás siempre preparado para ceder a tu perpetua inclinación hacia la ira. Y ahora es exactamente eso lo que estás haciendo al cuestionar a la mujer como si fueras su adversario» (María 10, 7-8).

Pedro no es capaz de ver que es la ira lo que le impide querer creer a María. La séptima potestad que actúa dentro de él es la que silencia y borra la voz de María durante casi dos milenios.

Pero como una de las siete potestades del ego, ni siquiera la ira es eterna. Solo el amor lo es.

Meditación de la voz del alma:
¿Qué información me está revelando la ira en este momento?

EL ALFA Y EL OMEGA

CADA FINAL ES UN NUEVO COMIENZO

La parábola de Jesús de los trabajadores del viñedo cuenta la historia de un hombre que llega a trabajar a un viñedo por la tarde y, sin embargo, recibe la misma cantidad de dinero por unas pocas horas que los que llevan trabajando desde el amanecer.

Jesús explica que, en el mundo venidero (o el mundo que ya existe de forma invisible dentro de este mundo), «los últimos serán primeros, y los primeros serán últimos» (Mateo 20, 16). No obstante, esto no parece justo o equitativo. Y eso es precisamente lo que pretende la parábola: que se active nuestro ego para que podamos liberarlo.

Si realmente nos centramos en lo que es justo de acuerdo con el ego, nos quedamos atrapados en la sensación de que nos han engañado o traicionado. Esto surge del temor del ego de que el «tesoro» para repartir sea limitado.

Pensamos que este trabajador, que apareció cuando el trabajo estaba ya casi terminado, se quedará con lo que nosotros habríamos recibido. Según el ego, lo que obtienen los demás nosotros lo perdemos. No existe el concepto de abundancia, solo de falta y escasez. El ego no puede concebir un amor incondicional al que no le afecte lo que es «justo» cuando se trata de quién puede recibirlo.

El tesoro es para todos los que se presenten. Tanto si la jornada acaba de empezar como si llevamos trabajando en nombre del amor toda la vida, hay amor para todos nosotros, para todos por igual. El amor opera en un sistema ilimitado, algo que al ego le parece completamente injusto.

Y, cuando nos damos cuenta de esto, de que «los últimos serán primeros, y los primeros serán últimos», nos liberamos del ego. Y lo que antes se sentía como una dolorosa traición o una situación injusta se convierte en algo nuevo. Podemos deleitarnos en la irrazonable abundancia del amor.

La primera letra del alfabeto griego es alfa y la última es omega. Por tanto, la práctica es la siguiente: seguir liberando el ego, lo que significa tener cantidades enormes de misericordia hacia nosotros mismos y hacia los demás. Seguimos alcanzando el omega para poder resurgir de nuevo, lo que implica comenzar de nuevo, volver al principio. Humildes, humanos, con más misericordia, con más amor.

Meditación de la voz del alma:
¿Qué historia egoica puedo liberar ahora mismo para comenzar de nuevo?

LOS ÁNGELES

NUNCA HE ESTADO SOLA

María Magdalena ama por igual el cuerpo físico de Jesús y su alma intangible. Por tanto, después de que el Imperio romano crucifique a Jesucristo, va a buscar su cuerpo, sola, en la oscuridad. Y, cuando encuentra la tumba vacía, empieza a llorar. Porque María, al igual que Jesús, también es humana.

Según el Evangelio de Juan, una voz le pregunta entonces a María: «¿Por qué lloras?» (Juan 20, 13). María levanta la mirada para ver quién le ha hecho esta pregunta y de repente puede percibir a dos ángeles de pie frente a ella. Están ubicados en los lugares donde habían estado la cabeza y los pies de Jesús.

Ella les dice que llora porque se han llevado el cuerpo de Cristo y no sabe dónde lo han puesto. Los ángeles están frente a ella, por lo que pueden ver a la persona que hay de pie detrás de ella mientras habla. María permanece allí pensando que está sin Jesucristo, cuando ellos pueden ver claramente que está justo a su lado.

María se da la vuelta y escucha a Cristo hacerle exactamente la misma pregunta que los ángeles: «¿Por qué lloras?» (Juan 20, 15). Al principio, ella no lo reconoce. Piensa que es el jardinero. Entonces, le pregunta si él se ha llevado el cuerpo de Cristo.

Entonces, Cristo dice: «¡María!». Y, al escuchar su nombre en su voz, María sabe de inmediato quién está frente a ella. «*¡Rabboni!*», exclama, que en antiguo hebreo significa 'maestro'.

Este momento nos recuerda que nunca estamos solos, incluso cuando lloramos de rodillas en la oscuridad. Todo el amor que podemos imaginar ya está aquí, donde el amor reside, dentro del corazón humano. Este momento nos recuerda que el amor es más poderoso que la muerte.

Este momento nos recuerda que, con frecuencia, es cuando somos más humanos y estamos desamparados, con el corazón roto y vulnerables, cuando finalmente podemos escuchar a los ángeles. Este momento nos recuerda que la energía del amor es el puente entre los mundos.

La paradoja de ser humanos es que, cuando somos lo suficientemente humildes para sentir las profundidades de nuestro dolor, nos conectamos directamente con la experiencia de que el amor nunca termina. Nos conectamos directamente con todo el amor que constantemente nos llama, invisiblemente, desde nuestro interior.

Meditación de la voz del alma:
¿Qué me dicen mis ángeles en este momento?

EL UNGIDO

ME ELEVO CON AÚN MÁS ALMA

Uno de los nombres más significativos utilizados para identificar a Jesús por el primer grupo de personas que documentó sus enseñanzas fue la palabra griega *christos,* que significa 'alguien ungido con aceite' o, simplemente, 'ungido'.

Cuando María Magdalena unge a Cristo con aceite de nardo y le limpia los pies con su cabello antes de la crucifixión, Cristo dice en el Evangelio de Mateo: «De cierto os digo que dondequiera que se predique este evangelio, en todo el mundo, también se contará lo que esta ha hecho, para memoria de ella» (Mateo 26, 13).

Cuando Judas se horroriza de que María desperdicie una cantidad tan excesiva de aceite, Cristo explica que en realidad es algo bueno y que estaba predestinado que María guardara ese aceite para preparar su sepultura. Estaba escrito. Debía ser así desde el principio.

María Magdalena era la elegida para asistir a Cristo en su transición de esta vida a la siguiente. El frasco ornamentado que María sostiene en tantas pinturas e iconos está lleno de aceite sagrado utilizado para ungir el cuerpo antes del entierro.

Los sacerdotes y las sacerdotisas de la diosa egipcia Isis ungían el cuerpo, mientras la persona se mantenía consciente, como una forma de ayudar en la transición de esta vida a la siguiente.

Y, si vemos la narrativa de la resurrección como una metáfora, el ritual de la unción se convierte en el paso de la muerte del ego, el yo egoico limitado, hacia el reino expansivo del alma. Esta es la transformación de la conciencia en el corazón de la tradición cristiana, y María Magdalena es quien nos muestra el camino.

La unción, por tanto, en su contexto original, es el acto de reconocer conscientemente que el cuerpo físico fallece, pero el alma que habita en el cuerpo no muere. Y, cada vez que conscientemente dejamos morir al ego, cada vez que permitimos que muera lo que éramos para resurgir más conscientes del alma de lo que somos ahora, somos ungidos. Y lo hacemos en su memoria.

Meditación de la voz del alma:
¿De qué aspecto de mi alma soy consciente en este momento?

LA ASCENSIÓN

MÁS ARRIBA ES MÁS ADENTRO

Es delirante y milagroso darse cuenta de que el Bien nunca ha estado por encima, más allá o completamente fuera de nosotros.

Es delirante y milagroso alcanzar la verdad de que el gran amor inefable que es el Bien está realmente dentro de nosotros, en este cuerpo efímero, en esta maraña de ego, como una rosa indestructible que florece perpetuamente en el centro de lo que somos.

Es delirante y milagroso darse cuenta de que más arriba es en realidad más adentro.

Existe una leyenda que dice que María Magdalena vivió en una cueva en el sur de Francia, en lo que ahora se conoce como Sainte Baume, 'la montaña sagrada'. Se dice que ascendía siete veces al día desde la cueva hasta lo alto de los acantilados de la montaña sagrada.

Las representaciones artísticas de esta leyenda muestran a María siendo elevada físicamente por al menos cuatro ángeles. Una forma en la que solía distanciarme de la humanidad de

María era imaginar que esto sucedía de verdad, que era realmente levantada en el aire por un grupo de ángeles.

Fue delirante y milagroso darme cuenta de que estos ángeles iban al encuentro de María desde dentro de su propio corazón y de que las siete veces al día se refieren a las siete potestades del ego y a la práctica de reconocerlas y liberarlas al menos siete veces al día.

Para mí, la ascensión se produce al adentrarnos más profundamente en la verdad de quiénes somos. Los ángeles nos elevan cuando olvidamos que el Bien no está distante, por encima o más allá de nosotros. Como si el Bien estuviera muy, muy arriba, en el cielo, demasiado alto para que podamos alcanzarlo en estas «humildes» formas humanas.

Los ángeles nos elevan y nos recuerdan que el Bien siempre ha estado aquí mismo, en nuestro interior y entre nosotros. El Bien es lo que somos y lo que hacemos. El Bien no existe en el plano vertical, sino en el horizontal: estamos a la altura de los ángeles, no debajo de ellos. El Bien está presente aquí mismo, dentro de nosotros, al igual que el cielo. Más arriba es más adentro.

Meditación de la voz del alma:
¿Qué ocurre cuando recuerdo que el Bien está justo aquí, dentro de mí?

EL BIENAMADO

EL AMOR NUNCA TERMINA

Tener un bienamado, en mi experiencia, no es algo que se pueda planear. Es decir, no podemos obligar a alguien a convertirse en nuestro bienamado; es un amor que se regala, que surge desde dentro.

Yo creo profundamente que María y Jesús eran bienamados. Una relación entre bienamados sigue una línea temporal diferente o está fuera del tiempo por completo.

Hay relaciones que siguen una trayectoria lineal. Nos conocemos. Trabajamos para conocernos mutuamente, para crear confianza. Cultivamos el amor y la amistad con el tiempo.

Un bienamado, sin embargo, se *recuerda*. La relación no parece lineal. Es como si esta persona fuera alguien que siempre hemos conocido. Es como si alguna parte de nosotros que nunca podría ser señalada o siquiera nombrada con precisión ahora estuviera completa, simplemente por la presencia de esta persona restaurada en nuestras vidas. Nos sentimos vistos. Nos sentimos conocidos.

Y no es un amor que se gane. Simplemente está ahí, como si hubiéramos nacido con la capacidad de reconocerlo, como si estuviéramos aquí en esta tierra para encontrarnos con este bienamado encarnado.

Solo podemos reconocer al bienamado desde nuestro interior. Sabemos cuándo esta otra persona ha entrado en nuestras vidas debido al gran cambio que se produce internamente. Y, aunque no podemos forzar ni manipular el encuentro con el bienamado, podemos en este mismo momento cultivar cómo se siente ser amado completamente.

La muerte no puede separar a los bienamados. La forma de la relación cambia radicalmente, se vuelve sutil en lugar de encarnada, pero continúa creciendo y aumentando después de la muerte. Los bienamados no pueden separarse en la muerte porque tampoco están separados en la vida.

El bienamado nunca puede dejarnos, ya que existe principalmente dentro de nosotros. Podemos darnos ahora mismo, en este momento, el amor que esperamos vivir algún día, el amor que revela más de la verdad de lo que ya somos.

El bienamado también es lo que podemos ser para nosotros mismos. Cuando nos amamos incondicionalmente, creamos nuevo potencial, nueva vida y esperanza exponencial. El amor solo aumenta desde nuestro interior; el amor es lo que nunca termina.

Meditación de la voz del alma:
¿Cómo puedo amarme incondicionalmente en este momento?

EL ALIENTO

RECLAMO MI ALMA

El Evangelio de Felipe nos recuerda que «el aliento da vida a la carne». Venimos a la vida con esa primera inhalación cuando salimos del cuerpo de nuestra madre, y dejamos este cuerpo con una exhalación cuando llega nuestro momento para lo que sigue.

La respiración es tan simple que quizás sea el aspecto más fácil que se pueda dar por sentado cuando se está vivo. Y, sin embargo, tiene el poder y el potencial de devolvernos a la vida, a este momento que está ocurriendo justo ahora, igual que cuando nacimos por primera vez.

Cuando estamos atrapados en una de las siete potestades del ego, basta con tomar conciencia de la respiración. Si podemos llevar presencia al dolor a través de una respiración intencionada, podemos recuperar y recordar nuestro poder para cambiar todo lo que viene a continuación.

Podemos respirar intencionadamente una vez para regresar al cuerpo y adentrarnos en el corazón, podemos respirar intencionadamente una segunda vez para conectarnos con la presencia del amor que habita dentro de nosotros y luego podemos respirar intencionadamente una tercera vez y emerger, inundados ahora de esa presencia de amor que nos guía.

Tres respiraciones intencionadas pueden cambiarlo todo. No me creas a mí, pruébalo. Practica esas tres respiraciones, especialmente cuando no quieras hacerlo, especialmente cuando alguien te esté gritando o cuando seas tú quien está gritando, cuando estés furioso o cuando te sientas más ansioso de lo que nunca hayas estado y cuando estés a punto de reaccionar de forma hiriente hacia alguien que te esté lastimando.

Justo antes de reaccionar, justo antes de repetir el patrón de herir y ser herido, detente. Haz tres respiraciones. Regresa al corazón. Recupera tu alma. Luego, abre los ojos más anclado en cómo podría guiarte el amor.

En hebreo, la palabra *besar* significa 'respirar juntos', 'compartir el mismo aliento o espíritu'. El Evangelio de Felipe revela que Cristo amaba a María más que al resto de los discípulos: «A menudo la besaba en la boca».

La respiración es lo que nos permite experimentar un nuevo abrazo, de manera que lo que viene a continuación no proviene solo del ego, sino también del corazón de lo que somos; emana directamente del alma.

Meditación de la voz del alma:
Respiro intencionadamente tres veces ahora mismo para recuperar mi alma.

LA CUEVA

EL SANTUARIO ESTÁ EN EL INTERIOR

En lo alto de una montaña llamada Sainte Baume, en el sur de Francia, hay una cueva que ha sido transformada en un santuario dedicado a María Magdalena. Según las leyendas, este es el lugar donde vivió los últimos treinta años de su vida.

John Cassian, un hesicasta, se convirtió en uno de los primeros peregrinos de esta cueva sagrada cuando regresó de Egipto en el año 415 d. C. «Hesicasta» proviene de la palabra griega *hesychia*, que significa 'tranquilidad'. Los hesicastas practicaban una forma de meditación llamada «oración del corazón» para regresar al silencio y al santuario que solo la presencia del amor en el corazón puede ofrecer.

Hoy en día, los monjes dominicos mantienen el santuario en Sainte Baume y ofrecen servicios dominicales. El día más sagrado del año para esta región de Francia es el 22 de julio, el día de la festividad de María Magdalena. Los peregrinos suben juntos la montaña hasta el altar principal y realizan una vigilia en su memoria.

Lo más impactante de la cueva es la absoluta tranquilidad que se siente en su interior. El aire se percibe denso y antiguo, como si estuviera lleno de todas las oraciones dirigidas a María Magdalena durante cientos de años.

Hay una estatua de mármol de María detrás del altar principal, donde los peregrinos escriben sus oraciones por ella en pequeños trozos de papel que dejan a sus pies. En la estatua, se la representa reclinada, con la cabeza inclinada hacia atrás y los ojos cerrados, como si estuviera escuchando algo fascinante desde su interior, como si su corazón exigiera toda su atención, atrayéndola completamente hacia adentro. El rostro de mármol irradia una felicidad inconfundible.

Siempre me ha encantado la metáfora de la cueva como un santuario dentro del corazón al que podemos regresar siempre que necesitemos esa quietud, ese silencio en el que ya no buscamos, ni preguntamos, ni tratamos de ser algo más de lo que somos en este momento presente.

Es el silencio que llega cuando el amor ha vencido a las siete potestades del ego. La cueva simboliza el hecho de adentrarnos en un espacio interno que puede brindarnos quietud, la paz de estar completamente sostenidos en el amor incluso mientras el mundo a nuestro alrededor continúa en constante movimiento. Nos mantenemos inmóviles en el amor.

Meditación de la voz del alma:
¿Cuál es la oración que quiero dejar en una nota de amor a los pies de María?

LA CUEVA DE LOS HUEVOS

EXISTIMOS EN LOS DEMÁS Y CON ELLOS

En la primera página de los fragmentos encontrados del Evangelio de María, Cristo dice: «Cada naturaleza, cada forma modelada, cada criatura, existe en y con los demás» (María 2, 2).

Uno de los temas predominantes a lo largo del Evangelio de María es el énfasis en la unión, en «unirse» para convertirse en un «verdadero ser humano», lo que significa ser completamente humano y también completamente divino.

En Sainte Baume (Francia), «la montaña sagrada», existe una cueva secreta, que es mucho más difícil de encontrar que la cueva principal de María. Se cree que es el lugar donde meditaba para unirse a Cristo después de la crucifixión. Es donde se fundía una y otra vez con el amor que nunca terminaba dentro de ella.

Cuando desciendes a la cueva de los huevos, si recuerdas llevar una linterna, o si te encuentras con peregrinos en la loca aventura de intentar encontrar la cueva que amablemente te prestan la suya, verás las impresionantes hendiduras con forma de huevo que se han formado en su pared.

Mientras estaba allí, admirando su poder místico y su belleza pura, un escalofrío me recorrió. De repente, sentí con certeza que María también había estado allí. Como si hubiera existido tan intensamente en ese lugar, en esa cueva, que su presencia se hubiera vuelto eterna en su interior. Ella existía de manera tan intensa y total porque se había convertido en completamente humana y completamente divina. María unió el ego con el alma, llevando amor y misericordia a las siete potestades del ego dentro de su ser.

Lo que hizo que la cueva de los huevos fuera tan sagrada para mí –de hecho, lo que la convirtió en el lugar más sagrado de la tierra– es que finalmente incorporé una verdad que siempre me había acompañado. Es una verdad que ha llegado a mí a través de las grandes tradiciones espirituales del mundo: *existimos en los demás y con ellos.*

Cuando unificamos el yo y el alma, cuando nos damos cuenta de que no hay «otro», que en realidad somos el amor incondicional e interminable que hemos estado buscando en todas partes excepto dentro de nuestros propios corazones, volvemos a casa en la profunda interconexión con toda la creación.

Existimos en los demás y con ellos.

Meditación de la voz del alma:
¿Cómo me siento al saber que existo en toda la creación y con ella?

EL CRISTO

EL AMOR SOLO CONOCE LA MISERICORDIA

Es crucial que recordemos que Cristo fue crucificado por el Imperio romano. Él deseaba subvertir las estructuras de poder injustas del Imperio, haciendo que los primeros fueran los últimos y los últimos los primeros.

Cristo deseaba liberarnos del malentendido de que algunos de nosotros teníamos el derecho de colocarnos por encima o por debajo de los demás. Cristo deseaba liberarnos de la ilusión de que las formas externas de poder, como la riqueza y la autoridad, podrían acercarse siquiera al poder supremo del amor que existe dentro de nosotros.

Es crucial recordar que Cristo no era cristiano. El cristianismo surgió cientos de años después de Cristo. Él mismo encarnaba una práctica espiritual llamada *kenosis,* que en griego significa 'amor que te vacía'. Cuando practicamos amar a alguien, incluso a un extraño o a alguien que percibimos como un enemigo, al vaciar todas nuestras ideas egoístas sobre esa persona, nos liberamos a nosotros mismos y a ella. Ponemos en práctica la misericordia.

La misericordia es el amor en acción.

En el Evangelio de María, Pedro le pregunta a Cristo: «¿Cuál es el pecado del mundo?». Y Cristo responde: «No existe tal cosa como el pecado» (María 3, 3).

Aquí, Cristo está diciendo que no somos inherentemente pecaminosos. El pecado no existe como una verdad última. Según el Evangelio de María, el pecado es cuando confundimos el ego con nuestro verdadero ser. Cuando no podemos percibir la presencia del alma en medio de una de las potestades del ego, entonces actuamos desde ese estado de olvido.

Cristo en el Evangelio de María quiere que recordemos que ser humano significa ser un ego, con toda la humanidad que eso conlleva, y que ser humano también significa ser un alma.

El Evangelio de María relata que Cristo era el *anthropos*, el 'verdadero ser humano'. Y esto es lo que él le reveló a María que también estamos destinados a ser. El verdadero ser humano ha unido el ego al verdadero yo, el alma. Incluso en medio de lo peor que pueda suceder en nuestras vidas, tenemos la capacidad de volver al amor ilimitado que también somos.

¿Cómo podemos hacer esto? Teniendo misericordia de nosotros mismos. Teniendo misericordia los unos de los otros. Permitiendo que el amor llegue a donde nunca ha estado antes.

Meditación de la voz del alma:
¿Cómo puedo demostrar misericordia hacia mí mismo(a) o hacia alguien más en este momento?

LA CRUZ

ESTOY ANCLADA EN EL AMOR

Se cree que, después de cruzar el mar Mediterráneo, María Magdalena llegó a lo que hoy se conoce como Saintes-Maries-de-la-Mer, en el sur de Francia. Por eso María Magdalena se asocia con la Cruz de los Guardianes, que tiene su origen en esta región costera francesa.

Contiene una cruz tradicional en la parte superior, un corazón en el centro y un ancla en la base. Esta composición trina hace referencia a 1 Corintios 13, 13: «Y ahora permanecen la fe, la esperanza y el amor, estos tres; pero el mayor de ellos es el amor».

Jesucristo nos instruye en el Evangelio de María: «Ten el corazón contento, pero también sé inconforme y desobediente; de hecho, permanece satisfecho y conforme solo en presencia de esa otra Imagen de la naturaleza. ¡Cualquiera que tenga dos oídos capaces de escuchar, que escuche!» (María 3, 12-14).

La palabra griega que significa 'conocimiento' o 'saber' –*gnosis*– no se refiere al conocimiento intelectual, ni a algo que nos puedan enseñar, ni a información que nos puedan dar otros. La *gnosis* es lo que conocemos por medio de la experiencia directa.

En mi opinión, aquí Jesús nos pide, principalmente, que nos anclemos en la experiencia directa del amor. Que nos enraicemos en la presencia del amor. Que escuchemos en nuestro interior a diario. Que conozcamos el amor, es decir, que experimentemos directamente desde dentro que somos amor para poder estar descontentos e insatisfechos con todo lo que no sea amor.

Para mí, la «presencia de esa otra Imagen de la naturaleza», según mi experiencia, se refiere a la presencia del amor que encuentro dentro de mí, una presencia eterna. Este amor es lo que está más allá de mí. Y solo puedo conocer esta presencia, este gran amor inefable en mi corazón, si estoy dispuesta a escuchar y estar presente ante él.

Esto me permite discernir cuándo alguien o una institución me pide que haga algo o que sea alguien en el mundo que no es amor. Por eso el amor es lo más crucial, por eso el amor es «el más grande de todos», porque el amor está destinado a ser el guía. Y por eso, para mí, la cruz de María parece resonar con significado desde la Antigüedad hasta el mundo moderno; es el símbolo de la fe como el acto radical de conocer el amor, de experimentar el amor directamente desde nuestro interior.

Meditación de la voz del alma:
¿En qué aspecto de mi vida puedo anclarme más plenamente en mi corazón?

LA PALOMA

EL ESPÍRITU HABLA A TRAVÉS DEL CUERPO

El cuerpo nunca miente. Si sabemos escuchar, el cuerpo nos confirma cuándo alguien está diciendo la verdad. El cuerpo también confirma cuándo la divinidad nos habla, no a través de palabras, sino directamente a través de la sabiduría del corazón.

El símbolo de la paloma se ha asociado con el Espíritu Santo, esa experiencia intangible y a la vez visceral de ser movidos desde dentro, de ser inspirados directamente como si fuera a través del torrente sanguíneo, como si nuestros huesos pudieran hablar, como si el propio corazón fuera en realidad un receptor o una radio, y el espíritu a veces hace que nuestra conexión con lo divino se vuelva radiante y clara de repente.

El cuerpo recibe mensajes directamente del espíritu si estamos abiertos a percibir la cercanía sagrada que tenemos con la divinidad. A veces es un impulso de esperanza, como una inhalación más profunda de aire, una expansión de la caja torácica. A veces se manifiesta en un escalofrío que recorre la columna vertebral y eriza todo el vello de los antebrazos. A veces se siente en un latido irregular del corazón, como si este pudiera comunicarse con nosotros en código morse.

María Magdalena se ha asociado con la paloma, como símbolo del bienamado y como una afirmación de que a través de lo femenino dentro de todos nosotros recibimos los mensajes divinos. Este pasaje de *El cantar de los cantares* siempre me ha hecho pensar en María: «Paloma mía, en las hendiduras de la peña, en lo escondido de escarpados parajes, muéstrame tu rostro, déjame oír tu voz».

María en esencia es la paloma, porque podía percibir a Cristo desde su interior, podía escuchar el lenguaje de su propio corazón, de su propio cuerpo. La paloma nos recuerda que debemos escuchar las afirmaciones que el cuerpo nos ofrece a lo largo del día sobre lo que es más verdadero para nosotros, sobre lo que resuena y sobre cómo ser guiados desde nuestro interior.

La paloma tiene que ver con escuchar en nuestro interior esas sensaciones discretas que no pueden ser validadas por nadie más que por nosotros mismos y que simplemente conocemos porque percibimos lo que es verdadero. Y confiamos en este amado cuerpo. Confiamos en lo que el espíritu nos dice, de manera milagrosa, en los lugares ocultos, en los lugares secretos de nuestro propio corazón.

Meditación de la voz del alma:
¿Qué me está comunicando el espíritu ahora mismo a través del cuerpo?

EL HUEVO

TODO PROVIENE DE DENTRO

Según el Evangelio de Tomás: «Si sacas lo que está dentro de ti, lo que está dentro de ti te salvará». El Evangelio de Tomás fue excluido de la creación de la Biblia en el siglo IV junto con el Evangelio de María Magdalena. El énfasis en el Evangelio de Tomás es similar al camino espiritual revelado en el Evangelio de María: unir el yo y el alma, convertirse en completamente humano.

En muchas pinturas e iconos de María Magdalena, está representada sosteniendo un huevo. Esto se relaciona con la leyenda de que testificó ante la corte del emperador Tiberio después de presenciar la resurrección, y utilizó un huevo para enseñarles acerca del cuerpo y la resurrección.

Después de dos décadas de estudios y devoción a María Magdalena, creo que este es el mensaje que María nos ofrece al señalar el huevo: todo proviene de dentro.

Toda la vida existe dentro de nosotros, en lugar de externamente a nosotros, que es como muchos vivimos toda nuestra vida. Centrados hacia fuera, en las cosas hermosas y encantadoras de este mundo y en las cosas dolorosas y desgarradoras de este mundo, que podrían, si lo permitimos, ocupar cada segundo de cada día.

Creo que cuando María presenció la resurrección de Jesús no fue con sus ojos, sino con el ojo espiritual del corazón. Creo que recibió visiones de él en su interior mucho antes de que fuera crucificado. Creo que María aprendió a vivir desde dentro hacia fuera. Creo que encarnó y dominó la verdad de que todo proviene de dentro.

Creo que María comprendió que el corazón es un mediador entre los mundos. Creo que Cristo le reveló el amor que siempre se puede encontrar allí, dentro del corazón. Creo que ella sacó lo que llevaba dentro, un amor que nunca muere, un amor que nunca termina.

Creo que María nos señala la verdad del huevo hasta el día de hoy, en este mismo momento en el que estás leyendo esto, porque una vez que comprendemos que todo proviene de nuestro interior, una vez que aprendemos a dirigirnos hacia dentro en busca de orientación sobre lo que viene después para validar nuestro propio valor y autoestima, entonces tenemos acceso a todo lo que necesitamos para salvarnos a nosotros mismos y al mundo que nos rodea.

Meditación de la voz del alma:
¿Qué estoy listo(a) para manifestar desde mi interior?

EL OJO DEL CORAZÓN

NOSOTROS CONTENEMOS EL TESORO

Lo que buscamos desesperadamente fuera de nosotros en realidad está en nuestro interior. Nosotros contenemos el tesoro. Esta verdad se nos ha contado en infinidad de parábolas y mitos a lo largo de la historia de la humanidad. Entonces, ¿qué nos impide experimentarla directamente? Tenemos que creerlo para poder verlo; tenemos que creer que podemos ser tan poderosos, tan sagrados, como para albergar el amor divino dentro de nosotros.

En el Evangelio de María, ella cuenta a los otros discípulos una visión que tuvo de Cristo: «Vi al Señor en una visión y le dije: "Señor, te vi hoy en una visión". Él me respondió: "¡Qué maravillosa eres por no dudar al verme! Porque donde está la mente, allí está el tesoro"» (María 7, 1-4).

Primero, centrémonos en la última frase: «Porque donde está la mente, allí está el tesoro». La palabra griega que se ha traducido como 'mente' es *nous* ('intelecto'). Sin embargo, una traducción más precisa de *nous* sería 'el ojo espiritual del corazón'.

El *nous* es la parte más elevada del alma. Es la parte del alma que realmente podemos experimentar y encontrar, conocer verdaderamente, mientras estamos en este cuerpo humano.

No tenemos que morir en este cuerpo para encontrarnos con el alma. Podemos dejar morir al ego en esta vida, una y otra vez, para poder experimentar el *nous*, el ojo del corazón.

Ahora, centrémonos en la primera parte de lo que Cristo le dice a María: «¡Qué maravillosa eres por no dudar al verme!». Este diálogo siempre me ha conmovido. Cristo está elogiando la valentía de María, su disposición a estar presente en esta capacidad de ver con la visión del amor directamente, desde su interior.

Es maravillosa porque se ha liberado de las siete potestades del ego para poder recibir una visión de Cristo. Es maravillosa porque su amor por él le permite ser más grande de lo que podría ser por sí misma. Es maravillosa porque está experimentando esta verdad, este secreto, que todos conocen: nosotros contenemos el tesoro.

María es maravillosa porque se ha convertido en un puente entre este mundo y el próximo al ver con el ojo del corazón.

Meditación de la voz del alma:
¿Qué estoy listo(a) para ver con el ojo del corazón?

LA LIBERTAD

HE RECIBIDO LA LLAMADA PARA SER LIBRE

Esto es. Este es el punto más alto, el lugar supremo al que llegar. Este momento, este estado exaltado de simplemente estar plenamente aquí, en este preciso instante, en esta respiración, en este cuerpo. Para esto trabajamos tan arduamente: la libertad.

Y esto es lo que hace que la libertad sea tan poderosa: no depende de nada externo a nosotros. No llega debido a un solo evento o a una persona singular en nuestra vida, por más significativos que sean. La libertad surge desde dentro.

Así que podemos experimentar la libertad incluso en medio del dolor más intenso o las circunstancias más estresantes. La libertad no está atada a nada que sea temporal.

La libertad es el glorioso estado interno de paz al que podemos llegar cuando nos liberamos de todos los estados egoicos que limitan la percepción. La libertad se siente como una pizarra en blanco, como una vasta extensión, como un universo de posibilidades que se abre repentinamente desde el interior. La libertad es nuestra por derecho de nacimiento.

Cristo nos recuerda, en Gálatas 5, 13: «Hermanos, habéis sido llamados a ser libres». Estamos llamados a ser libres, tanto externa como internamente. Libres de persecución, libres de opresión, libres de que otros nos causen daño, y libres de nuestros propios pensamientos que nos perjudican desde dentro. Estamos aquí para liberarnos y para servir a un amor que trabaja activamente para poner fin a la opresión en todas sus formas.

Cultivamos este estado de sentirnos libres al recordar que la libertad es nuestro derecho de nacimiento. No importa lo que suceda, no importa cuántas veces el ego intente atarnos en una de sus siete potestades.

Existe una libertad que surge desde dentro. Es una libertad que nadie puede quitarnos jamás. Existe una libertad divina. Es presenciada y luego transmitida, de corazón liberado a corazón liberado. Existe una libertad que surge al conocer la verdadera paz. Al recordar el Bien que somos. Al alinearnos una vez más con la fuente misma del amor.

Esto es lo que estamos llamados a ser: libres. Esto es lo que estamos llamados a demostrar, proteger y abogar los unos por los otros: libertad.

Meditación de la voz del alma:
¿Qué es para mí la libertad en este momento?

LA LUZ DORADA

LA SANACIÓN VIENE DE DENTRO

Tenemos el poder de utilizar la imaginación para intentar sanarnos. Si cerramos los ojos, podemos sumergirnos en una botica interior. Podemos permitir que la imaginación conjure y cree imágenes, historias y mensajes potentes que sean como un bálsamo para el alma, como un botiquín sagrado hecho especialmente para nosotros que solo puede venir de dentro.

Toni Morrison escribe en su obra maestra *Beloved*: «Liberarse era una cosa; reclamar la responsabilidad de ese ser liberado era otra». ¿Cómo reclamamos y asumimos la responsabilidad de este ser que hemos liberado del ego?

Creo que cada uno debe vivir la respuesta por sí mismo. Para mí, la respuesta es que reclamo mi ser liberado amándome a mí misma con intensidad. Y, si no con intensidad, entonces con tanto amor como pueda en cada momento. ¿Qué significa eso?

Significa mantenerme consciente y atenta a si estoy siendo compasiva conmigo misma. ¿Me estoy exigiendo demasiado? ¿Estoy permitiendo que un juicio severo (ya sea de mi propio ego o de otra persona) me lastime?

Es una necesidad esencial querer darse una ducha o bañarse diariamente, o al menos con frecuencia todas las semanas. A menudo nos quedamos cortos al darnos cuenta de que nuestro paisaje interior es aún más importante que nuestra apariencia externa. Y la forma más poderosa de limpiar y sanar el mundo interior de nuestro propio corazón es bañarnos en luz dorada.

El dorado siempre ha sido el color de los halos representados por los artistas a lo largo de los siglos. El oro es la meta de los antiguos alquimistas debido a que es puro, no tiene aleaciones, es solo lo que es. Es exclusivo, una sola cosa. Ha sido el símbolo mítico y material del amor divino durante siglos por su máximo valor y su profundo significado.

Esto es un recordatorio para usar el poder de la imaginación y asumir la plena responsabilidad de tu ser liberado.

Cierra los ojos y permite que una luz dorada de otro mundo te envuelva y te impregne desde la coronilla hasta las plantas de los pies.

Meditación de la voz del alma:
¿Cómo me siento al recibir un baño de luz dorada?

EL BIEN

SOY INHERENTEMENTE EL BIEN

Si lo permitimos, el hecho de que somos el Bien, esa verdad por sí sola, puede transformar por completo nuestras vidas.

Podemos dejar de lado la culpa, la vergüenza, el sentimiento de no ser suficientes o de ser demasiado. Podemos soltar la idea de que somos de alguna manera inferiores o tenemos menor valor porque somos humanos.

Podemos abandonar la idea de que Dios es un ser divino que está allí arriba, mucho más allá de nosotros y fuera de nuestro alcance. Podemos dejar ir la idea de una jerarquía espiritual, la idea de que, de alguna manera, estamos clasificados en un eje vertical, desde los más santos en la cúspide hasta los más pecadores abajo del todo.

Podemos dejar de lado esta lucha constante por sentirnos bien y podemos empezar a recordar la verdad de que somos el Bien. Somos parte del Bien supremo. Esta es la verdad que tenemos que reclamar y el propósito de la vida.

El Evangelio de María no se refiere a Dios en absoluto como Dios. Dios es la forma masculina del creador o el ser divino. La forma femenina es diosa. El Evangelio de María se refiere a Dios/a, o al creador supremo, simplemente como el Bien.

Y el Evangelio de María explica que los seres humanos no son inherente o intrínsecamente pecaminosos. Los seres humanos son buenos. Cristo explica la condición humana en el Evangelio de María diciendo: «El Bien llegó a vosotros, persiguiendo [el bien] que pertenece a todas las naturalezas» (María 3, 5).

El Bien *pertenece* a todas las naturalezas. Es importante enfatizar esto: el Bien aquí no se gana. El Bien nos *pertenece*, está dentro de nosotros. El Bien es inherente a lo que significa ser humano.

Comienza así: eres el Bien. Deja que esa verdad resuene en ti. Deja que esa verdad te guíe. Deja que esa verdad te recuerde quién eres y cuál es tu propósito aquí en la Tierra. Eres inherentemente el Bien.

Y con esa bondad verás toda la creación de manera diferente. Verás que toda naturaleza, toda forma modelada, toda criatura pertenece a esta misma bondad de la que tú eres parte.

Meditación de la voz del alma:
¿Dónde puedo ver el Bien en mí en este momento?

EL CORAZÓN

LLEVO UNA CATEDRAL EN MI INTERIOR

Recuerdo vívidamente la primera vez que entré en la impresionante basílica de María Magdalena en el pueblo francés de Sainte-Maximin-La-Sainte-Baume. Es como si una parte de mí nunca se hubiera ido. Como si una parte de mí todavía estuviera mirando en silencio hacia arriba, hacia su alto techo abovedado con rayos de luz de otro mundo que penetran por las vidrieras.

Lo que he llegado a entender es que los impresionantes y milagrosos templos, catedrales, iglesias, mezquitas, sinagogas y santuarios de todo el mundo están destinados a reflejar la majestuosidad y la divinidad de lo que también llevamos nosotros dentro. Lo uno no está destinado a reemplazar lo otro, sino más bien a reflejar y recordarnos lo que existe en primer lugar en el corazón humano. Como sabemos muy bien, los santuarios pueden arder y ser destruidos. Pero el corazón humano contiene la fuerza más significativa que podemos experimentar en la vida: el poder de regresar al amor.

El Evangelio de María se refiere a lo divino simplemente como el Bien. Y uno de los pasajes que confirman a María Magdalena como líder espiritual entre los apóstoles proviene de María 5, 9: «Cuando María acabó de decir todo esto, convirtió sus corazones al Bien».

Los discípulos de Cristo están aterrados después de la crucifixión; temen por sus propias vidas. Ahora son perseguidos por el Imperio romano y serán ejecutados si los atrapan.

María abraza tiernamente a cada uno de ellos; los llama hermanos y hermanas, recordándoles compasivamente que son una comunidad, una familia. Y les recuerda que la gracia de Cristo permanece entre ellos, protegiéndolos. Sugiere que en lugar de temer lo que pueda suceder después, pueden alabar a Cristo por unirlos.

Esta presencia del amor en la que María se convierte y que mantiene frente al miedo y el terror demuestra la transformación que ha experimentado debido a Jesús.

Ella ha entrado en la catedral de su propio corazón humano, para luego compartir el inmenso amor que contiene con todos los que la rodean.

Ella se convierte en la fuerza más poderosa que podemos ser para nosotros mismos y para los demás; se convierte en la presencia del amor, que es el Bien dentro de cada uno de nosotros.

Meditación de la voz del alma:
¿Qué siento al saber que llevo la presencia del amor dentro de mí?

EL JUICIO

LA CUESTIÓN ES SER HUMANOS

La brea, el denso cieno de miel que nos mantiene atrapados en cualquiera de las siete potestades, es el juicio que tenemos contra nosotros mismos por lo que estamos atravesando; el juicio hacia nuestra propia humanidad es el mayor obstáculo para el crecimiento espiritual.

Cuando llegamos a la tercera potestad en el Evangelio de María, se nos brinda una profunda visión sobre cómo liberarnos de las siete potestades: «El alma llegó a la tercera potestad, que es la ignorancia. Examinó el alma de cerca, diciendo: "¿A dónde vas? Estás atada por la maldad...", y el alma dijo: "¿Por qué me juzgas, si yo no he pasado juicio?"» (María 9, 9-13).

Es bastante irónico que la ignorancia diga que el alma está «atada por la maldad». Porque, por supuesto, la que está realmente atada es la ignorancia, no el alma. La ignorancia, la tercera potestad, está viendo (o proyectando) sobre el alma lo que no puede ver o se niega a ver acerca de sí misma. La verdad es que el que está atado es aquel que siente la necesidad de juzgar en primer lugar.

Y luego el alma revela su superpoder supremo: la ausencia de juicio. El alma le pregunta a la tercera potestad, la ignorancia: «¿Por qué me juzgas, si yo no he pasado juicio?» (María 9, 14). La libertad de cualquiera de las siete potestades comienza con esta conciencia de cómo y cuándo juzgamos, ya sea a nosotros mismos o a los demás. (Porque, como la tercera potestad demuestra tan bellamente aquí, a menudo juzgamos en los demás lo que en realidad es cierto acerca de nosotros).

El verdadero poder reside en el momento en que podemos ver que no hay nada que hayamos hecho que realmente tengamos el derecho de juzgar. Juzgar lo que hemos hecho solo nos obliga a permanecer en la misma potestad que causó la acción que estamos juzgando.

Ver que somos humanos, lo que significa cometer errores monumentales, y también tener un alma que puede amar incluso las peores de nuestras acciones, así es como nos alejamos de la práctica del juicio.

Ver que estamos aquí para ser humanos, para cometer errores y luego permitir que el amor llegue a donde nunca ha estado antes, este es el propósito. Una vocación. Y el objetivo principal de estar aquí.

Meditación de la voz del alma:
¿De qué juicio me puedo librar en este momento?

EL LEGADO

EL AMOR ES SIEMPRE HEREDADO

Una vez soñé que estaba en el fondo del océano. Sentía un peso enorme sobre mí, como si todo el océano descansara sobre mi pequeña espalda.

Entonces, una inesperada onda de luz me hizo levantar la cabeza. Miré hacia arriba y vi un gran espejo justo frente a mí. Al principio, lo único que pude ver fue el sufrimiento en mi rostro por el peso. Pero luego vi a mi abuelo a mi lado, y tenía esa mirada radiante de amor que solía ver en él cuando estaba vivo.

Me di cuenta de que él era solo el primero en una interminable línea de antepasados que me observaban con esa misma mirada de amor, y todos estaban allí sosteniendo el peso del océano junto a mí.

Siempre que siento esta sensación de tener que hacer algo por mí misma, o de estar sola con mi tristeza, o con una decisión sobre mi vida que me genera estrés, recuerdo que soy parte de la gran cadena interminable del amor que me ha precedido. Soy solo un pequeño eslabón.

Mi vida no es lineal; no comienza y termina simplemente. Mi vida es una continuación de todo el amor que se me ha transmitido. El amor siempre es un legado.

Aunque algunos seres queridos hayan fallecido y ya no estén entre nosotros, el amor que son sigue viviendo en nuestro interior, desde dentro de nosotros. Cada vez que permitimos que el amor abrume un estado implacable en el que hemos caído, volvemos a conectarnos con ellos. Todo amor vive a través de nosotros, desde dentro de nosotros, oculto e invisible, pero no por ello menos real.

Esta es la forma de visión que practicaba María Magdalena. Así es como ella fue capaz de ver a Cristo dentro de su corazón. Y tal vez esto es lo que María compartió con Sara y todos los demás a su alrededor. Esta es la forma de visión que alivia la carga de lo que creíamos que teníamos que hacer solos. Esta es la forma de visión que nos conecta con el legado de amor del que todos nosotros provenimos.

Y es por eso por lo que María responde a Pedro en su evangelio: «Os enseñaré todo aquello que está oculto para vosotros» (María 6, 3).

Meditación de la voz del alma:
¿El amor de quién vive a través de mí?

MARÍA MAGDALENA

EL AMOR SIEMPRE SE EXPANDE

Pedro le dice a María en su evangelio: «Hermana, sabemos que el Salvador te amó más que a ninguna otra mujer» (María 6, 1). Este pasaje deja claro que el amor de Cristo por María era único y singular. Por lo tanto, había enseñanzas que solo su amor podía transmitir, enseñanzas que solo ella podía recibir y luego compartir con el resto del mundo.

Debido a esto, Pedro le pide a María: «Dinos las palabras del Salvador que recuerdas, todas esas cosas que tú sabes, y que nosotros ignoramos porque no las hemos escuchado jamás» (María 6, 2). A continuación, se encuentra el núcleo del Evangelio de María. Ella nos revela lo que estaba oculto. Nos enseña acerca de la visión de la cual todos somos capaces, cómo el alma percibe el mundo con los ojos del espíritu o una forma de ver desde dentro de este espacio modesto y humilde del corazón humano.

El diálogo íntimo entre Cristo y María en su evangelio tiene lugar desde su interior. Cristo le dice que es maravillosa por ser capaz de percibirlo y que esta capacidad de ver con el corazón, esta visión verdadera, es el tesoro. Este amor que se encuentra en el núcleo de lo que somos es lo que nos permite convertirnos en un puente entre los mundos. Este amor que es más fuerte que la muerte. Este amor que nos recuerda, cuando estamos atados por la potestad del ego, que también somos un alma. Este amor que nos libera.

Cuando permitimos que el amor nos inunde, dejándolo llegar a esos lugares donde nos sentimos rotos, solos, imperdonables u olvidados, ese es el verdadero propósito de estar aquí. El propósito es permitir que el amor llegue a donde nunca ha estado antes.

El amor de Cristo por María es la otra mitad de la historia cristiana. Es la otra mitad de su ministerio. Y creo que ahora estamos preparados para ello, por eso su evangelio enterrado, perdido para nosotros durante casi dos milenios, ha sido encontrado. Estamos listos para poner en práctica su historia de amor.

Su historia es un amor que siempre ha estado destinado a nosotros. Ese amor que hace que el simple hecho de ser completamente humanos sea nuestro verdadero propósito. Ese amor que resucita. Ese amor que nos hace renacer una y otra vez. Ese amor que se expande cada vez más.

Meditación de la voz del alma:
¿A dónde no ha llegado aún mi amor?

LA PRESENCIA

EXISTO INTENSAMENTE

Los académicos creen que Cristo hablaba arameo, entre otros idiomas. Y la palabra aramea para la muerte se traduce como 'existir en otra parte'. Esta traducción implica que, cuando el cuerpo deja de funcionar, esta esencia de lo que somos, esta presencia de amor dentro de nosotros, sigue existiendo, solo que, de manera misteriosa, en algún otro lugar.

La muerte entonces no es un final, sino una transición irrevocable, una transformación de estar presentes en el cuerpo, detrás de nuestros ojos, a estar presentes en un lugar que es en última instancia desconocido para los vivos.

Esta traducción de la muerte también nos permite comprender cómo el yo egoico puede provocar una forma de muerte al obligarnos a existir en otro lugar en diferentes momentos a lo largo de nuestra vida.

La fuerza de las siete potestades que María Magdalena menciona en su evangelio es que nos obligan a existir ya sea en el pasado, lamentando dolorosamente o anhelando lo que fue, o proyectando nuestra presencia hacia el futuro, aferrándonos a lo que podría ser. Muchos de nosotros vivimos así: sacrificando nuestra alegría presente hasta que alcancemos algún punto lejano en el que creemos que tendremos lo que deseamos.

Las siete potestades del ego nos alejan del momento presente. Y el único lugar donde realmente podemos generar cambios en nuestras vidas es cuando tenemos el coraje de simplemente estar con la presencia del amor aquí mismo, en nuestro interior. Por lo tanto, cada vez que regresamos de la «muerte» de existir en otro lugar, en el pasado o en el futuro, volvemos a la vida.

Lo único que hace falta para estar presente de nuevo, para volver a este cuerpo, a esta vida ferozmente preciosa, a este poderoso momento, son tres respiraciones. Y esto es tanto lo más fácil como lo más difícil de ser humanos. Porque implica tomar conciencia de que ya no estamos presentes, y esa es la parte ardua. Implica despertar una y otra vez, luchar por nuestra capacidad de estar aquí, de existir intensamente. Y para aquellos de nosotros con historias de trauma, el trabajo es aún más intenso y el regreso es aún más triunfante.

Meditación de la voz del alma:
¿Qué puedo dejar ir para existir intensamente en el momento presente?

EL HILO ROJO

EL BIEN RECONOCE EL BIEN

Es difícil recordar lo que nunca se nos ha enseñado. Requiere confiar en nuestra propia intuición, en nuestro propio corazón. Requiere aprender a escuchar lo que el alma nos susurra cuando logramos estar lo suficientemente quietos, lo suficientemente libres del caos distractor de nuestra vida cotidiana.

Es un misterio para mí qué es lo que nos permite recordar el Bien, y confío en que siempre lo será. Tal vez sea la memoria ancestral. Tal vez esté codificado en alguna parte del alma o en el corazón de lo que significa ser humano. El Bien reconoce el bien.

La primera que me dio un hilo rojo fue una chamana. Cuando la vi por primera vez, la única manera precisa de describirlo es que la reconocí. La recordé. Pero no podía saber ni comprender cómo ni desde cuándo. Y ese no era el motivo del reconocimiento. El motivo era fortalecer la confianza en mí misma, porque mi intuición, mi alma, me había llevado hacia ella.

El hilo rojo invita a recordar el Bien dentro de nosotros mismos y de los demás. El hilo rojo invita a reconocer a aquellos que caminan con nosotros, para recordarnos que estamos aquí juntos, para ser el Bien. Se lleva en la muñeca izquierda, el lado femenino del cuerpo, para reconocer que es lo femenino dentro de cada uno de nosotros lo que recibe el espíritu desde dentro.

El hilo rojo es para aquellos que estamos dedicados a regresar una y otra vez al corazón, que escuchamos lo que el corazón sabe y luego hacemos todo lo posible para poner ese conocimiento en acción.

María Magdalena ungió a Cristo antes de su crucifixión; convirtió la unción en el ritual más sagrado de la tradición cristiana. Cristo le dio enseñanzas secretas porque su amor por ella era extraordinario. El Evangelio de María fue enterrado y olvidado durante milenios.

Por eso llevo el hilo rojo. Es difícil recordar algo que nunca se nos ha enseñado. Pero lo hago en memoria de ella. Lo hago porque el Bien nunca puede perderse.

Meditación de la voz del alma:
¿Qué sé en este momento que nadie me ha enseñado nunca?

EL RECUERDO

SÉ QUIÉN SOY

En el capítulo cuatro del Evangelio de María, Cristo dice al saludar a todos los congregados a su alrededor: «¡La paz sea con vosotros! ¡Adquirid mi paz dentro de vosotros mismos!» (María 4, 1-2). Esta paz no es exclusiva de los más santos o los ordenados ni está reservada exclusivamente a ellos. Esta paz de la que habla Cristo es un estado de ser que todos podemos «adquirir» dentro de nosotros mismos. Cada vez que encontramos la fuerza y el coraje para recordar quiénes somos, volvemos a conocer la paz que siempre nos pertenece, que podemos reclamar desde nuestro interior.

Es necesario recordar la verdad de quiénes somos en medio de las peores circunstancias posibles, cuando alguien nos está gritando, cuando sentimos una gran pérdida o cuando las creencias más arraigadas sobre nosotros mismos se están desmoronando. Debemos recordar la otra mitad de lo que significa ser humano justo cuando vivimos las realidades más difíciles que exige el hecho de ser humano.

Cuando podemos conocer quiénes somos, un alma y un ego, una chispa eterna de lo divino y un ser humano mortal y desordenado, ambas cosas, podemos llevar este recuerdo a los momentos en los que solíamos olvidar, cuando solíamos actuar por ira, ignorancia o apego. Es entonces cuando comenzamos a adquirir la paz que está dentro de nosotros. La paz que siempre ha estado con nosotros.

El camino del cristiano antiguo era la práctica de la *anamnesis*, o el recuerdo viviente. Es la práctica de intentar recordar quiénes somos cuando estamos atrapados por una de las siete potestades del ego; no de manera perfecta pero sí de forma constante y con tanta convicción como compasión.

Y también es la práctica de recordar, cuando nos juzgamos a nosotros mismos por una acción sin amor que realizamos o algo por lo que ahora sentimos arrepentimiento y culpa, que estamos aquí para ser humanos.

Saber quiénes somos, una expresión completamente única e imperfecta de un ego limitado y un alma eterna, nos libera de las presiones de ser «perfectos». El recuerdo viviente significa escuchar, en los momentos más difíciles que la vida nos puede presentar, un suave susurro desde lo más profundo de nuestro corazón que nos recuerda: «Yo sé quién soy».

Meditación de la voz del alma:
¿Lo que recuerdo sobre mí es cierto en este momento?

LA RESURRECCIÓN

EL EGO MUERE Y EL ALMA SE ELEVA

El Evangelio de Felipe es un antiguo texto cristiano que fue excluido en la creación de la Biblia, junto con los evangelios de María Magdalena y Tomás, así como los Hechos de Pablo y Tecla, entre otros. Muestra una comprensión muy diferente de lo que significa resucitar en comparación con la interpretación más literal y tradicional del cristianismo. La resurrección, según el Evangelio de Felipe y los antiguos cristianos, es algo que idealmente ocurre a lo largo de toda nuestra vida.

El Evangelio de Felipe explica: «Debes despertar mientras estás en este cuerpo, porque todo existe en él; resucita en esta vida».

Los cristianos del siglo I, o el movimiento de Cristo, practicaban la *kenosis*, el amor abnegado, el cual libera todo apego a las potestades del ego que nos mantienen atrapados en algún tipo de miedo o inseguridad. Dejamos que el ego muera para que el alma pueda elevarse. De esta manera, el alma puede evolucionar aquí mismo, en el cuerpo humano.

El mito del ave fénix siempre viene a la mente con la palabra *resurrección*. Es el mito de un ave mágica que experimenta un ciclo interminable de quemarse en llamas y luego renacer de las cenizas.

La resurrección aquí no es lo que vendrá en la próxima vida. La resurrección es lo que podemos practicar aquí y ahora, en este cuerpo, en esta vida. Podemos despertar al potencial de transformación con cada tragedia, decepción o pérdida en la vida, y ver todo lo que sucede como una oportunidad para que el alma se eleve. Podemos ver cada muerte por la que pasamos como una oportunidad para resucitar, estando más plenamente presentes a esta alma de amor que hay en nosotros y que sobrevive a cada fuego.

Muere a lo que el ego te dice que debes hacer, o lo que debes ser, o a quién deberías haber amado, o a quién deberías haber dejado. Muere a la voz del ego que te dice que no eres suficientemente bueno, no eres bastante valioso, no eres adecuado según la visión que tenías hace mucho tiempo de tu vida. Muere a la voz del ego que te dice que es demasiado tarde, que eres demasiado viejo o demasiado joven para vivir desde el corazón. Muere a la voz del ego y deja que el alma resucite cada vez más fuerte.

Meditación de la voz del alma:
¿Qué pensamiento egoico puedo dejar ir en este momento?

LA ROSA

CONFÍO EN EL TIEMPO DIVINO

Gran parte de la vida, para muchos, se centra en lo que sucede fuera de nosotros, en lo que hacemos o producimos. Y lo que producimos, ganamos o acumulamos está vinculado al sentido de valía personal, a nuestro propósito e incluso a nuestro estatus o importancia en el mundo.

Lo que hemos olvidado es la majestuosidad de lo que no puede ser visto o cuantificado. Hemos olvidado cultivar la capacidad de amar y ser amados. Hemos olvidado que cuidar de la esencia de quienes somos es nuestra ocupación más importante.

Hemos olvidado que la contribución más poderosa que podemos ofrecer no es algo que podamos señalar fuera de nosotros, vender, comercializar o enmarcar y colocar en la pared para recibir elogios. La contribución más poderosa que tenemos para ofrecer al mundo es el amor en el que nos convertimos.

Muchos tenemos una idea muy clara de los logros externos que queremos alcanzar en cierto punto de la vida. Y si no cumplimos esas expectativas, pensamos que hemos fracasado. Pero no podemos forzar ni planear el cultivo, la encarnación y el ascenso del alma. Esta forma de trabajo del alma ocurre en el *kairós*, que es la palabra griega para el tiempo del alma, el tiempo divino.

El tiempo lineal es increíblemente útil para que funcione el ego, lo cual es esencial. Pero el tiempo lineal no tiene nada que ver con la esencia de quiénes somos o con la contribución que podemos hacer con nuestras vidas.

La rosa, símbolo de lo divino femenino, representa una rendición interior que no puede ser cronometrada según el ego o las circunstancias externas. La rosa nos recuerda que no podemos forzarnos a madurar, no podemos obligarnos a ser alguien más que exactamente quienes somos en este momento.

Si aceptamos la belleza de donde estamos en este momento, permitimos que el ego se libere de las garras del tiempo lineal. Si recordamos que todo un universo está perpetuamente en el proceso de florecer desde el corazón, podemos tener curiosidad por lo que podría estar desarrollándose para nosotros. Podemos confiar en nuestro propio tiempo divino.

Meditación de la voz del alma:
¿En qué puedo confiar que se desarrollará en su propio tiempo divino?

EL MÉRITO SAGRADO

MEREZCO AMOR

El mérito no se gana ni se otorga; el mérito se reclama. Lo elusivo acerca del mérito es que es fácil olvidar que no tiene nada que ver con nadie ni nada fuera de nosotros. El mérito es inherente.

Una de las lecciones más profundas que he aprendido en este camino del amor que inspira María Magdalena es entender que mi voz, esa voz tranquila y modesta de amor dentro de mí, es fidedigna. No por los títulos universitarios que he acumulado o por los logros académicos que he alcanzado y los escritos que he publicado, sino simplemente porque esa voz de amor es mía. Esto es razón suficiente para saber que es digna de fe.

Al final del Evangelio de María, cuando revela las enseñanzas secretas que Cristo le dio, varios de los discípulos no la creen. Es cuestionada y desacreditada, especialmente por el apóstol Pedro. Solo Leví* defiende a María al

---

* N. de la T.: Mateo es también citado en los Evangelios como Leví, hijo de Alfeo y Cleofás.

decir: «Si el Salvador la consideró digna, ¿quién eres tú para menospreciarla? Pues él la conocía completamente y la amó de forma incondicional» (María 10, 9-10).

En mi primer peregrinaje al sur de Francia, cuando tenía veintitantos años y luchaba con el sentido de autovalía, asistí a un festival de santa Sara Kali en Saintes-Maries-de-la-Mer, donde las leyendas cuentan que María Magdalena viajó para escapar de la persecución romana.

Me dejé llevar por el canto, el baile, el lamento y la risa: los profundos sonidos de una devoción sincera. Bajé a la cripta de la iglesia y vi cómo santa Sara era abrazada, rezada, acariciada y amada por completo.

Me dejé caer contra la pared trasera y lloré. Porque supe que era digna de amor, ahora y siempre. Supe que nada de lo que hiciera, dijera, ganara o perdiera me haría menos merecedora de amor. Mi valía es incondicional. Mi valía siempre está aquí, esperándome en la cripta del corazón para que la reclame.

Y también supe que dependía de mí saber, en ese momento y ahora, y depende de todos nosotros saber, como lo supo Cristo, que la voz de María es digna de crédito.

Meditación de la voz del alma:
¿Qué me ayuda a recordar que merezco amor?

EL SIETE

LA VISIÓN PROVIENE DEL INTERIOR

En el capítulo siete del Evangelio de María, esta le pregunta a Cristo: «Entonces, Señor, ¿aquel que tiene una visión la ve con los ojos del alma o del espíritu?» (María 7, 5).

La respuesta de Cristo está incompleta porque las siguientes cuatro páginas del Evangelio de María se han perdido. Este es el enigmático comienzo de su contestación: «No ve ni con el alma ni con el espíritu. Es más bien el intelecto, que existe entre ambos, el que tiene la visión y eso es lo que...» (María 7, 6).

A menudo me he preguntado si estas páginas fueron arrancadas porque, en el texto que falta, Cristo revela a María cómo la verdadera visión proviene de dentro. Y si la forma en que realmente vemos en este mundo no tiene relación en última instancia con la vista sino con una percepción espiritual que existe dentro de nosotros, si la forma de saber lo que es verdadero para nosotros, lo que es real y duradero, proviene de dentro, entonces nadie puede tener poder sobre nosotros.

Si tenemos nuestras propias respuestas, entonces nadie puede engañarnos, manipularnos o distraernos diciendo que el verdadero poder o la verdadera paz están aquí, tienen un precio o existen a costa de nuestra libertad.

Hay un poder tremendo y una paz inconmensurable que surgen al saber que basta con mirar hacia dentro y encontraremos. Lo único que tenemos que hacer es cerrar los ojos y abrirnos a lo que el corazón ve claramente.

La palabra *intelecto* en este pasaje no se refiere a nuestra idea moderna de la mente. En el griego original, la palabra para *intelecto* es *nous*, que se traduce de manera más precisa como 'el ojo espiritual del corazón'. El *nous* es el aspecto del alma que nos permite recibir una visión desde dentro.

Lo que puede oscurecer nuestra percepción espiritual, según el Evangelio de María, son las siete potestades del ego. El siete es el número espiritual de la transformación, de las etapas que el alma debe atravesar para alcanzar la liberación.

Y las leyendas cuentan que, siete veces al día, María era elevada por cuatro ángeles sobre la montaña sagrada en el sur de Francia. Siete veces al día... Creo que esto significa que se liberaba de las siete potestades del ego. Así, podía ver claramente, una y otra vez, con el ojo del corazón.

Meditación de la voz del alma:
¿Qué visión estoy listo(a) para recibir desde dentro?

EL SILENCIO

HABLO DESDE EL CORAZÓN

La voz más importante que podríamos escuchar no tiene voz en absoluto. El silencio dentro del corazón no está desprovisto de sonido o imágenes. El silencio de nuestro interior a menudo es ensordecedor con el volumen de su verdad. El silencio a menudo es tan desafiante porque nos pide afrontar lo que ya sabemos.

El silencio se menciona en dos puntos significativos del capítulo nueve del Evangelio de María. En primer lugar: «Después de que María hubo dicho estas cosas, se quedó en silencio. Hasta este punto el Salvador había hablado con ella» (María 9, 30-31). Este versículo implica que todo lo que María comparte en su evangelio es palabra por palabra lo que ha escuchado desde su interior.

El silencio solo es una virtud cuando somos sinceros al compartir palabra por palabra lo que escuchamos en nuestro corazón. Nunca es virtuoso retener o silenciar una verdad que vive dentro de nosotros, sin importar cómo el mundo exterior pueda percibirla.

No nos corresponde juzgar una verdad dentro de nosotros de manera tan crítica que nunca la expresemos. Esto termina siendo uno de los principales arrepentimientos de los moribundos: no haber dicho en voz alta lo que ya se repetía en el conocimiento silencioso del corazón.

María dice: «A partir de este momento, a su debido tiempo a lo largo del eón, recibiré el descanso en silencio» (María 9, 29). Este es el silencio que llega cuando las siete potestades han sido vencidas. Este es el silencio que es un triunfo, una victoria pequeña, sin ceremonias y sin visibilidad, pero no por eso menos monumental.

Imagina que cada una de las siete potestades sostuviera un micrófono. Cuando realizamos el trabajo que revela el Evangelio de María, cuando permitimos que el amor alcance lugares donde nunca antes ha estado y soltamos el firme agarre que cada potestad tiene sobre el micrófono, el silencio es nuestra recompensa.

El silencio es cuando hemos superado todos esos poderes egoicos que nos harían creer que somos algo diferente al amor. El silencio es sumergirse en el amor. El silencio es cuando todo lo que escuchamos es el fluir constante de lo que el corazón tiene que decir. Y la alegría es el coraje de simplemente expresarlo. Palabra por palabra. Diciendo solo lo que el corazón ya sabe.

Meditación de la voz del alma:
Cuando el ego guarda silencio, ¿qué dice mi corazón?

LA CALAVERA

EL AMOR YA HA GANADO

En el capítulo nueve del Evangelio de María, las potestades del ego interrogan al alma: «¿De dónde vienes, asesina de humanos, y a dónde vas, conquistadora del espacio?» (María 9, 26).

Este pasaje trata sobre la lucha muy real del alma por liberarse mientras está en un cuerpo humano. El ego, temiendo por su propia existencia, se enfrenta al alma llamándola «asesina de humanos» y «conquistadora del espacio». Palabras de combate. El ego recurre a insultos porque sabe que el alma ya ha ganado. El amor ya ha ganado.

El ego muere cuando el cuerpo deja de funcionar; es una revelación definitiva de lo impotente que el ego ha sido todo el tiempo. Y esa inherente impotencia del ego es lo que lo hace tan ruidoso y persistentemente feroz mientras estamos vivos.

El ego sabe que es impermanente y está sujeto al tiempo cronológico. El alma sabe que continúa existiendo después de que el cuerpo deja de funcionar. El alma no está sujeta al tiempo; es eterna. Y esta diferencia inherente entre los dos aspectos esenciales de lo que significa ser humano puede ayudarnos a ser cada vez más conscientes de la presencia del alma, que es un amor interminable, dentro de nosotros.

Practicar la *kenosis*, el amor abnegado, amenaza al ego. El objetivo es liberarse de todos los apegos que genera el ego. Esta muerte del ego es el propósito. Para que la resurrección ocurra, aquí en esta vida, en este cuerpo, una y otra vez.

La pintura de Georges de la Tour titulada «La Madeleine à la Flamme Filante»* muestra a María sentada en un escritorio con una calavera. Lleva puesta una blusa blanca, una falda roja y un sencillo cinturón de cuerda que revela que está embarazada. Contempla la llama que irradia luz.

El cráneo, la nueva vida en su cuerpo, el baile de la llama, todos me hablan de cómo contemplar la muerte puede ser liberador. El cuerpo morirá, tan ciertamente como que la llama finalmente se extinguirá.

Pero, cuando podemos aferrarnos a lo que perdura dentro de lo que llegará a su fin,

---

* N. de la T.: En el ámbito castellanohablante se la conoce como «La Magdalena penitente» o «Magdalena con dos velas», aunque la traducción literal vendría a ser «Magdalena junto a la llama fulgurante».

experimentamos, sabemos directamente que el amor nunca muere. La presencia física de Jesús está ausente; está notoriamente ausente. Y, sin embargo, ella está llena desde dentro del amor que ya ha ganado y siempre ganará.

Meditación de la voz del alma:
¿Cómo me siento al reconocer la presencia del amor dentro de mí?

EL ALMA

SOY LIBRE

Respira profundamente. Incluso en mitad de lo peor que pueda sucedernos, el alma susurra: «Soy libre».

Parece tan extraño que algo tan infinitamente poderoso pueda ser accesible, incluso visceral, aquí mismo en el cuerpo. Parece tan extraño que algo tan trascendental pueda alcanzarse con un acto que parece tan común y mundano. Respirar profundamente.

Con la intención, la conciencia de una sola respiración profunda, podemos desprendernos del ego y de sus siete potestades. Con una sola respiración profunda intencionada, podemos regresar al corazón, al vasto espacio de lo posible, al reino ilimitado del alma.

En el Evangelio de María, el alma explica: «He sido amarrada, pero yo no he atado nada» (María 9, 14). El alma ha sido atada por las siete potestades del ego, pero el alma no ata nada ni a nadie a su vez.

El alma, la esencia de lo que somos, será juzgada a lo largo de nuestra vida tanto por nuestro propio ego como por las potestades egoicas de los demás, incluso por nuestros seres queridos. El alma será juzgada y atada, pero el alma no juzga ni ata a los demás en venganza. El alma es libre y lo sabe.

El alma dice, acerca de las siete potestades del ego: «Ellas no me reconocieron, pero yo he reconocido que el universo debe disolverse, tanto las cosas de la tierra como las del cielo» (María 9, 15).

El ego no puede ver ni reconocer al alma. Pero el alma puede ver a través de todas las dualidades. Todas esas oposiciones que gobiernan al ego, como el día y la noche, la luz y la oscuridad, el cielo y la tierra, el alma las abraza como un todo unificado.

El alma no está atada a los deseos egoicos de lo que la existencia en la tierra pueda traer ni está atada a los deseos egoicos de lo que el cielo pueda contener. El alma se contenta con simplemente estar aquí y ahora. El alma deja ir tanto el cielo como la tierra para existir solo en el momento presente.

Respira profundamente. Incluso en mitad de lo peor que pueda sucedernos, el alma susurra: «Soy libre».

Meditación de la voz del alma:
¿Cómo me siento al repetir en el corazón: «Soy libre»?

EL TRABAJO DEL ALMA

ESTOY AL SERVICIO DEL AMOR

Al final del Evangelio de María, después de defender la visión y las enseñanzas secretas de Cristo que ella transmite en respuesta a la incredulidad de Pedro, Leví aconseja: «Debemos vestirnos del perfecto Humano, adquirirlo para nosotros mismos como él nos lo ordenó y anunciar la Buena Nueva» (María 10, 11-13).

«Debemos vestirnos del perfecto Humano» significa continuar en el camino del amor practicando la *anamnesis*, o el recuerdo vivo, a diario. Hemos de recordar que no somos solo este cuerpo humano, esta masa turbulenta de deseos egoístas, sino que también somos un alma. Ambos aspectos. Vestir del perfecto Humano implica estar arraigados en la conciencia de lo que significa ser *anthropos*: completamente humano y completamente divino.

Esto es lo que María enseña que Cristo encarnó: la unificación del yo y el alma.

Me encanta esta pauta al final del Evangelio de María porque nos recuerda seguir despojándonos del ego. Para poder vestirnos del «perfecto Humano», tenemos que continuar desnudándonos. Permitir que las capas del ego, las creencias limitantes, las viejas historias que nos hemos contado mil veces se desprendan de nosotros para que lo que quede sea solo esta radiante alma de amor.

De esta manera, cuando nos ponemos las «prendas» necesarias, es decir, los estados egoicos que debemos usar para funcionar en el mundo, cada vez estamos menos confundidos acerca de lo que son: simplemente ropa. Estas «vestimentas» del ego no son nuestro verdadero yo. Nuestro verdadero yo es el alma.

El trabajo del alma en la llamada de Leví para que nos vistamos del perfecto Humano es «adquirirlo para nosotros mismos, como él [Cristo] nos lo ordenó». Es una llamada para que hagamos el trabajo nosotros mismos. No es suficiente con que Cristo encarnara el perfecto Humano, la plenitud del yo y el alma en un estado de unión. También debemos dedicarnos al trabajo del alma de convertirnos en uno desde dentro.

Y el simple hecho de que podemos, que es posible encontrarnos con el alma, ahora, en nuestros cuerpos humanos, es la Buena Nueva. Que somos parte del Bien inherentemente, esta es la gran verdad que estamos destinados a anunciar al convertirnos en esta verdad nosotros mismos.

Meditación de la voz del alma:
¿Qué trabajo quiere mi alma que haga en este momento?

LA ENTREGA

ESTOY EN BUENAS MANOS

Hay una escultura de mármol de María Magdalena en la cueva principal de Sainte Baume, en Francia. Está reclinada con la cabeza inclinada hacia atrás, el cuello expuesto y los ojos cerrados. Sin embargo, queda claro que no está durmiendo. Es evidente que está existiendo intensamente en la amplia extensión del universo dentro de ella. Su rostro irradia dicha y entrega absoluta.

La «entrega» en el contexto espiritual se ha confundido con entregar el poder a alguien o algo fuera de nosotros. En el Evangelio de María, la entrega significa soltar los deseos y las historias egoicas que nos separan del resplandor del verdadero amor.

El alma dice en el Evangelio de María: «Lo que me ata ha sido asesinado, y lo que me atenaza ha sido aniquilado, y mi concupiscencia se ha disipado, y mi ignorancia ha perecido» (María 9, 27). Esta es la experiencia de entrega. Las siete potestades del ego han muerto, y lo que queda es el amor que el alma conoce completamente.

El amor viene de dentro. La entrega se produce cuando detenemos nuestra constante búsqueda de amor proveniente de afuera, de alguien más, en la validación de un ser querido, en una carrera o en un logro que creemos que nos cubrirá de adoración. El amor viene de dentro. La entrega es ese dulce y poderoso éxtasis de regresar plenamente al Bien que ya somos.

La entrega nunca es una rendición, una resignación que nos arrebata el poder de quienes somos. La entrega nunca implica renunciar a nuestra verdad. La entrega es un acto de confianza radical, de dirigirnos hacia dentro y soltar todas las ideas egoicas que hemos tenido sobre nosotros mismos para abrirnos al Bien que está aquí mismo, dentro de nosotros.

La entrega es la dicha que María encarna al saber en todo momento y en todos los lugares que está en buenas manos. Ella puede, en cualquier momento en que su alma la llame, renunciar a un estado egoico que la oprime y permitir que el gran amor indescriptible dentro de ella se eleve y la inunde, impregnando su mente y su cuerpo con la dicha de conocer nuevamente la verdad del amor en su esencia.

Meditación de la voz del alma:
¿Qué siento al repetir en el corazón:
«Estoy en buenas manos»?

EL TESTIMONIO

EL AMOR ES MÁS PODEROSO QUE LA MUERTE

Dar testimonio es exponer públicamente nuestras vidas para defender lo que creemos. El testimonio que María Magdalena presenta ante el tribunal de Tiberio César todavía se celebra en la Iglesia ortodoxa oriental durante la Pascua con la tradición de intercambiar huevos rojos.

Según la leyenda, María Magdalena viajó a la corte de Tiberio César después de la crucifixión de Cristo para dar testimonio de haber presenciado su resurrección. Debido a su alta posición social, se le concedió una audiencia ante el tribunal.

Siempre he imaginado que el testimonio que dio tras la resurrección de Cristo fue su primer sermón. Solo podemos imaginar cómo describió lo que fue ver a Cristo junto a la tumba vacía. Lo que fue ver a dos ángeles de pie donde habían estado su cabeza y sus pies. Lo que fue para los ángeles preguntarle: «¿Por qué lloras?» y luego ver a un jardinero que le parecía familiar y que le hizo la misma pregunta: «¿Por qué lloras?».

Y solo cuando el jardinero pronunció su nombre, cuando ella escuchó su nombre en su voz, fue entonces cuando reconoció a Cristo.

Siempre he imaginado que ella decía: «El amor es más poderoso que la muerte». Si podemos ver con el ojo del corazón, no hay separación entre este mundo y el siguiente. El amor que Jesús y María encarnaron en vida sobrevive a la pérdida del cuerpo físico.

María tomó un huevo mientras testificaba sobre la resurrección de Cristo. He imaginado que es porque quería señalar la verdad de que toda vida surge desde dentro. Y porque vio a Cristo desde dentro de ella misma, con el ojo del corazón.

Y he imaginado que, para ella, el huevo, como símbolo de lo divino femenino, era una buena representación visual para intentar hacer que el tribunal comprendiera que cada uno de nosotros contiene un alma, como la yema dentro del huevo.

Tiberio no se dejó persuadir por el testimonio de María, por lo que supuestamente le dijo: «Un cuerpo no puede resucitar, del mismo modo que ese huevo que tienes en la mano no puede volverse rojo».

Inmediatamente, el huevo se tornó de color rojo.

Meditación de la voz del alma:
¿Qué testifico como verdadero en este momento?

EL VERDADERO HUMANO

SOY COMPLETAMENTE HUMANA Y COMPLETAMENTE DIVINA

Cristo dice en el Evangelio de María: «No bajéis la guardia para que nadie os engañe diciéndoos: "Helo aquí" o "Helo allí". Porque el hijo de la verdadera humanidad existe dentro de vosotros» (María 4, 3-5).

La frase *hijo de la verdadera humanidad* proviene de la palabra griega *anthropos*. Y *anthropos* significa más literalmente 'completamente humano y completamente divino'. Por lo tanto, un verdadero ser humano en el Evangelio de María es una mezcla paradójica de un yo limitado y mortal, el ego, y un alma expansiva y eterna. Ambos por igual.

El objetivo no es trascender el cuerpo ni tratar de suprimir las siete potestades del ego, sino tomar conciencia del espectro completo de lo que significa ser humano para poder tomar decisiones sobre nuestras acciones. Podemos practicar el amor abnegado, lo cual nos permite liberar la atención de la prisión del ego y actuar solo cuando nos guía el amor en lugar del ego.

Podemos escuchar el consejo de Cristo de seguir al hijo de la verdadera humanidad que vive en nuestro interior. No hay nadie fuera que pueda hacer el trabajo por nosotros. Debemos continuar mirando hacia dentro, hacia el corazón, hacia el tesoro que existe dentro de nosotros.

Tenemos que hacer el trabajo de recordar que no somos solo este ego que a menudo nos impulsa a actuar de formas que apenas reconocemos. Con misericordia hacia nuestra propia humanidad, podemos recordar que somos *anthropos*; estamos destinados a ser humanos; estamos destinados a sentir todas estas potestades difíciles y desestabilizadoras.

También somos completamente divinos. También somos un alma de amor. También somos capaces de llevar el amor a donde nunca ha estado antes. Somos visionarios y fuentes de luz ilimitada.

Tenemos el propósito y la oportunidad única de ser tanto la voz de los que no tienen voz aquí en la Tierra como de actuar a modo de puente entre este mundo y el próximo.

El hijo de la verdadera humanidad existe dentro de cada uno de nosotros. Nadie externo a nosotros puede despertarnos a esta verdad.

Debemos dirigirnos hacia dentro y permitir que el amor sea nuestro guía directo.

Meditación de la voz del alma:
¿Qué siento al recordar que soy completamente humano(a) y completamente divino(a)?

EL AMOR VERDADERO

TODO EXISTE A TRAVÉS DEL AMOR

Es importante saber que el amor entrelazado con carencia y ego nunca debe avergonzarnos. Repite esta afirmación varias veces si es necesario; el propósito principal de estar aquí es ser completamente humano.

Esto significa que nos enamoraremos de las personas erróneas. Significa que tendremos demasiado miedo para amar a las personas correctas. Haremos todas las cosas equivocadas. Y esto es lo que está destinado a suceder. Es valiente abrir completamente el corazón. Es valiente atreverse a amar.

Solo en nuestros intentos desordenados, confusos y salvajemente imperfectos de amar podemos practicar la expansión de la capacidad de amar. Lo intentamos y fallamos, e intentamos una y otra vez amar y ser amados. Y, en ese esfuerzo, con el tiempo y con misericordia, comenzamos a permitir que el amor llegue dentro de nosotros a donde nunca ha estado antes.

Comenzamos a perdonarnos a nosotros mismos y a los demás por cosas que habíamos juzgado imperdonables. Comenzamos a ver que el amor es un intercambio energético, un flujo. Y, de manera milagrosa, de alguna manera, cuanto más damos, más recibimos.

Y comenzamos a ver que este podría ser todo el propósito de estar aquí. Sentir todo el amor posible que podríamos sentir, y sin ningún control o artificio, lo entregamos todo. Sabiendo como sabemos, confiando incluso, que esta fuente interna de amor desde la cual damos es en realidad inagotable.

El Evangelio de Felipe dice: «La compañera [*koinonos*] del Hijo es Miriam de Magdala. El Maestro la amaba más que al resto de sus discípulos, y a menudo la besaba en la boca».

Si interpretamos esto literalmente, nos damos cuenta de que María y Jesús eran pareja espiritual, compañeros. Nos damos cuenta de que el amor entre ellos estaba destinado a ser una enseñanza sobre el poder y la posibilidad del verdadero amor humano.

El Evangelio de Felipe también dice: «El amor no rechaza nada y no toma nada; es la libertad más alta y amplia. Todo existe a través del amor».

Esta es la forma de amor que creo que Jesús y María compartieron. Un amor que va más allá del amor. Un amor que es la libertad más alta y amplia. Un amor que hace posible todas las cosas.

Meditación de la voz del alma:
¿A quién puedo dar amor en mi vida en este momento?

LA UNIÓN

MI SER Y MI ALMA SON UNO

En el capítulo cinco del Evangelio de María, los discípulos están aterrados después de la crucifixión de Cristo. Temen ser asesinados también si son capturados por el Imperio romano.

Siempre he imaginado este pasaje como si fuera la escena de una película. Puedo visualizar vívidamente el temor que debieron de sentir. Puedo imaginar cómo los comentarios sobre la amenaza a sus propias vidas eran cada vez más fuertes hasta que el miedo se volvió palpable en el aire.

«Entonces, María se levantó». Así dice su evangelio, y puedo verla con extrema claridad. Puedo verla levantándose entre un mar de discípulos, todos apiñados en el suelo, sintiéndose derrotados y asustados.

«Entonces, María se levantó y los saludó; los besó a todos con ternura y dijo: "Hermanos y hermanas, no lloréis, no os aflijáis, ni alberguéis ninguna duda. Porque Su gracia estará siempre con vosotros, protegiéndoos"» (María 5, 4-6). María se levantó por los discípulos, en un momento de puro terror, y se convirtió en una presencia de amor entre ellos. Se levantó en medio de un gran miedo para ser el amor que Cristo había sido entre ellos.

Este momento del Evangelio de María demuestra lo que significa estar en unidad. Y es evidencia de su liderazgo en la forma más temprana del cristianismo. María continúa diciendo que, como comunidad de hermanos y hermanas, «debemos alabar Su grandeza, porque nos ha unido y nos ha hecho verdaderos seres humanos» (María 5, 7-8).

Cristo vivía en un estado de unión. Él era *Ihidaya*, que en arameo significa 'el Unificado'. Había unificado su yo egoico, su plena humanidad, con su divinidad, su alma eterna. Se había convertido en completamente humano y completamente divino: *anthropos*, el hijo de la verdadera humanidad.

María, en este estado de unión, se levantó en medio del pánico para ser una presencia de amor cuando más se necesitaba. Y esto es lo que María nos recuerda que también podemos hacer. Podemos practicar vivir en un estado de unión al volver una y otra vez al alma que se encuentra como un tesoro dentro de nuestros corazones humanos.

Podemos practicar convertirnos en la presencia del amor cuando más se necesita el amor.

Meditación de la voz del alma:
¿Cómo puedo levantarme como hizo María para ser una presencia de amor en este momento?

EL TESTIGO

SOY PLENAMENTE VISTA

«¡María!», exclama Cristo al verla en el sepulcro vacío, y al escuchar su nombre en su voz, María reconoce inmediatamente quién está ante ella. «*¡Rabboni!*», exclama. Esta palabra, *rabboni*, es hebreo antiguo y significa 'maestro'. María ha presenciado la verdad más profunda de Cristo: el amor es más fuerte que la muerte.

Permanecen en ese momento atemporal, juntos, cara a cara. Viendo y siendo vistos. Esto es la culminación del amor según 1 Corintios 13, 12: «Ahora vemos veladamente, como en un espejo; después veremos cara a cara. Ahora conozco en parte, pero entonces conoceré tal y como he sido conocido».

Es un milagro y un misterio lo que permite a una persona ver verdaderamente a otra. La reciprocidad de esta visión plena, de verse y ser visto por otro, es sagrada y agraciada. No puedes forzarte a ver completamente a alguien en toda su esencia. Es un momento que existe en el tiempo del alma, el *kairós*. Y la reciprocidad de esta visión plena requiere que revelemos nuestro yo más auténtico.

No podemos ser completamente presenciados por alguien, por un ser amado, a menos que revelemos plenamente todo lo que somos. Es un momento raro y sagrado. Es como un diamante que finalmente se vuelve visible después de años y años de presión en la oscuridad.

En sánscrito, la palabra *darshan* significa 'ver y ser plenamente visto por la divinidad'. Esta forma de presenciar tal vez se despliega solo cuando encontramos a alguien ante quien podemos revelarnos completamente. Este momento de presenciar solo es posible a través del amor; es un amor que se niega a apartar la mirada, un amor que permanece a través de la oscuridad, a través de la muerte.

A menudo he imaginado el poder de este momento cuando María presenció la resurrección de Cristo y cuando Cristo presenció la encarnación del amor de María por el hecho de que ella pudo verlo.

A menudo he imaginado que todo se detenía a su alrededor, que nada podía existir tan intensamente como ellos lo hicieron. A menudo he imaginado que el poder de su mirada era algo que todos anhelamos: la gloria inefable de ser verdaderamente conocidos, la gloria de escuchar tu nombre y ver el amor plenamente encarnado justo frente a ti.

Meditación de la voz del alma:
¿Qué aspecto de mi alma estoy preparado(a) para presenciar y revelar?

OBRAS CITADAS

King, Karen. *El Evangelio de María de Magdala: Jesús y la primera apóstol*. Barcelona: Editorial Poliedro, 2005.

Leloup, Jean-Yves. *The Gospel of Philip: Jesus, Mary Magdalene, and the Gnosis of Sacred Union* [El Evangelio de Felipe: Jesús, María Magdalena y la gnosis de la unión sagrada]. Rochester, VT: Inner Traditions. 2007. *El Evangelio de María: Myriam de Magdala*. Barcelona: Herder Editorial. 1998.

Pagels, Elaine. *Más allá de la fe: El Evangelio secreto de Tomás*. Barcelona: Editorial Crítica. 2005.

Taussig, Hal, ed. *A New New Testament: A Bible for the Twenty-First Century* [Un nuevo Nuevo Testamento: una biblia para el siglo XXI que combina los textos tradicionales y los descubiertos recientemente]. Nueva York: Houghton Mifflin Harcourt. 2013.

ACERCA DE LA AUTORA

Meggan Watterson ha entrado en la lista de superventas de *The Wall Street Journal* gracias a su libro *María Magdalena revelada* y es la autora del éxito de ventas *Lo divino femenino: libro y 53 cartas oráculo de diosas y místicas*. Es una teóloga feminista y cuenta con un máster en Estudios Teológicos otorgado por la Universidad de Harvard y otro por el Seminario Teológico Unido de la Universidad de Columbia. Es la fundadora de The House of Mary Magdalene, una comunidad espiritual que practica las enseñanzas del Evangelio de María. Su trabajo ha aparecido en distintos medios, tales como *The New York Times, The Huffington Post, TEDxWomen* y *Marie Claire*.

www.megganwatterson.com

ACERCA DE LA ARTISTA

Donna Outtrim (moonjube) es una artista canadiense que reside actualmente en Alberta (Canadá).

A través de paseos por reinos de inocencia, paisajes surrealistas donde lo caprichoso y lo extraño se entrelazan, su trabajo en *collage* digital es una expresión sin filtro de la emoción y una exploración de la naturaleza transitoria de la existencia.

Como un cofre del tesoro de luces y sombras, poblado de personajes extraños y maravillosos, sus obras son elaborados portales de escape, así como viajes al subconsciente a través de imágenes.

Este es un lugar para pensar y sentir libremente, una tierra para descubrir y redescubrir, y esperemos que sea un sitio donde el observador pueda encontrar un pedazo de sí mismo entre los sueños y las flores.

www.moonjube.com